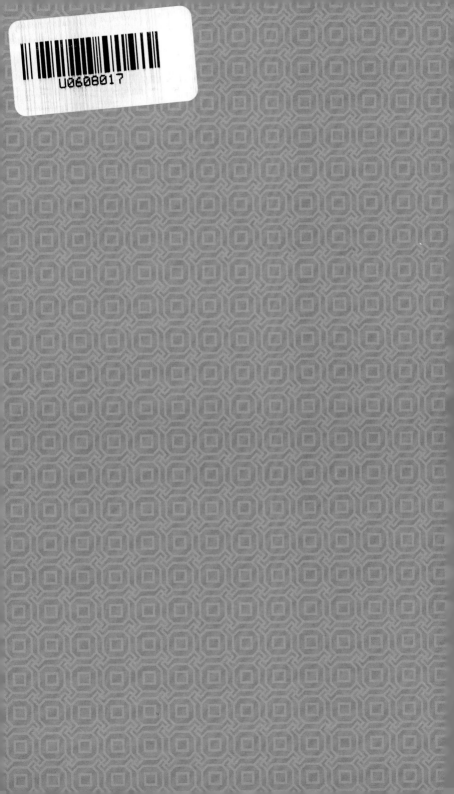

新學制國語教科書

商務印書館出版

商务新学制国语教科书

吴研因　庄适　沈圻　编著

经典民国老课本

山东人民出版社
国家一级出版社　全国百佳图书出版单位

图书在版编目（CIP）数据

商务新学制国语教科书 / 吴研因，庄适，沈圻编著. -- 济南 ：山东人民出版社，2017.3（2024.1 重印）

ISBN 978-7-209-10292-6

Ⅰ. ①商… Ⅱ. ①吴… ②庄… ③沈… Ⅲ. ①小学语文课－教材 Ⅳ. ① G624.201

中国版本图书馆 CIP 数据核字（2017）第 031929 号

商务新学制国语教科书

吴研因　庄适　沈圻　编著

主管部门　山东出版传媒股份有限公司
出版发行　山东人民出版社
社　　址　济南市胜利大街 39 号
邮　　编　250001
电　　话　总编室（0531）82098914
　　　　　市场部（0531）82098027
网　　址　http://sd-book.com.cn
印　　装　三河市华东印刷有限公司
经　　销　新华书店

规　　格　32 开（140mm × 210mm）
印　　张　14.25
字　　数　92 千字
版　　次　2017 年 3 月第 1 版
印　　次　2024 年 1 月第 2 次
I S B N　978-7-209-10292-6
定　　价　68.00 元

出版说明

教科书，俗称课本，我们都很熟悉。它在潜移默化间提高了人们的认识，塑造了国民的精神，其重要性不言而喻。教科书还有鲜明的时代烙印，它忠实记载了当时的政治、经济、社会等各种情况，因而有重要的研究价值。

为一般人所不大了解的是，教科书源于西方。我国的教科书史并不长，现在刚过百年。我国最早的教科书出于来华的西方传教士之手，国人自编教科书则始于十九世纪八十年代。一九〇三年清政府统一全国学制，在国家制度层面为教科书的发展提供了平台。一大批知名学者与新文化代表人物如张元济、蔡元培、杜亚泉、高梦旦、王云五、胡适、吴研因等其时纷纷投身教科书的编写，以商务印书馆为代表的各出版机构的领导人积极运作，组织高水平队伍，筚路蓝缕，呕心沥血，上下求索，编写、出版了一套套内容与形式俱佳的教科书，为我国教科书编写、出版奠定了良好的基础。

这些教科书取得了令人惊叹的成就。像商务印书馆一九一二年出版的《共和国教科书新国文》，全书一共八册，到一九二七年前后还在出版，目前所能见到的印次最多的一册印行了二千五百六十次（实际印次可能比这还要多），其中有些课文语言甚至成为熟语，如『小猫三只四只』，后来成为上海及其附近地区形容营业场所顾客稀少或开会到会人数寥寥的意思，可见这套书的影响之大。商务印书馆推出的其他教科书以及后起之秀中华书局、世界书局、大东书局等推出的教科书也都特色鲜明，受到各新式学校的青睐采用，出版后一版再版甚至重印几十上百次的屡见不鲜。

教科书性质特殊，虽曾大量印制，但很少被收藏，所以早期教科书被完整保存下来的不多，作为出版者，我们满怀深情地回眸凝望那些凝聚着前人心血和智慧、在教育史上产生了深远影响的老课本，希望有机会陆续把它们奉献到大家的面前。这也是我们的责任所在。创新总是在继承的基础上进行的。现首批推出六种，分别是商务印书馆一九一二年版的《共和国教科书新国文（初小）》、《女子国文教科书》订正版，一九三二年版的《新学制国语教科书

（初小）》，世界书局一九三三年版的《国语新读本》，大东书局一九三三年版的《新生活国语教科书》，世界书局一九三三年版的《模范公民（公民训练小册）》。其中前五种为语文教科书，由浅近的文言体到白话文，可以看出语文教科书的发展轨迹。它们的共同特点是：一、均面向小学低年级读者；二、编写、校订者为教育大家或专家，熟悉儿童心理；三、选文符合儿童生活与儿童心理，富于情趣；四、编排循序渐进，由浅入深，易于接受；五、选文注重对儿童进行知识与品德等多方面的教育，注重培养适应时代需要的人才；六、插图生动活泼，与文字相得益彰。《模范公民（公民训练小册）》相对特殊，它是早期教科书中修身、公民教育的一种，编写目的是督促小学生按规范的思想、道德和行为标准而生活，成为合格公民。其训练目标具体、细致，形式新颖、别致，对于今天的读者，特别是小朋友来说，仍不失为一种很生动、独特的成长读本。

在《经典民国老课本》书系的编辑上，有两层意思，一是精选品种，二是精选内容。高年级的课文插图渐少，文章渐长，我们的选文随之减少，对于一些不合时宜的内容我们也做了处理，努力使最后保留下来的内容健康、活泼，适于阅读。在呈现形式上，我们经过再三考虑，在原文、原图之外，依据每课内容列出了繁简字对照表（其中少量为异体字），这样做的目的是希望青少年读者能在阅读的同时由此认识一些繁体字。前辈们在文化教育领域创造出的业绩是令人钦佩的。我们在书中专门介绍了编写、校订、绘图者的生平事迹，希望能让他们为大家所认识。同时也祈请至今未能联系上的相关著作权人能及时与我们联系，以便奉上稿酬。

编著者

吴研因（1886—1975）现代语文教育家。我国早期研究小学语文教材教法的重要人物之一。江苏江阴人。一九〇三年，在上海半径园师范讲习所学习；一九〇六年，上海龙门师范毕业，回江阴，任观音寺市立九校教员。后又去上海单级师范讲习所研究『单级教学』，结业后任江阴市立九校单级部主任。一九二二年任上海商务印书馆国文部编辑，所编教科书风行全国。一九二四年去南京，先入大学院工作，后任初等教育司司长。一九四一年受教育部委派，往菲律宾任华侨教育专员。抗战胜利后，回国仍任初等教育司司长。新中国成立后，历任教育部初等教育司司长、中学教育司司长、教育科学研究所教学法组组长等职。为全国政协常委和中国民主促进会中央委员。

庄适（1885—1956）中国近现代出版家、教育家。字叔迁，江苏武进人。从日本早稻田师范部留学归来后，在常州冠英小学任教。后任职于商务印书馆国文部。参加编写『学生国学丛书』及商务《国语教科书》《新学制国语教科书》等多种教科书。

沈圻参编商务印书馆《商务国语教科书》《新撰国文教科书》《新学制国语教科书》《新学制国语教授书》等。

校订者

高梦旦（1870—1936）中国近现代最富实绩和最具声望的出版家之一。原名凤谦，号梦旦，福建长乐人。任商务印书馆编译所所长至五十一岁，主动请辞，并亲赴北京，邀请不满三十岁的胡适担纲，胡适推荐老师王云五。王云五当时毫无名气，人们怀疑他的才能，高梦旦却尽心帮他熟悉各项工作，在王接手后还尽力辅佐。有人不解，他解释道：『公司犹国家也。谋国者不可尸位，当为国求贤国方得以长久。』高梦旦识才爱才。他提拔青年沈雁冰任《小说月刊》主编，沈要求：现存稿子都不能用；全部改用五号字；馆方应当让其全权办事，不能干涉编辑方针。高梦旦全部应允。商务众人出身、经历、利益、性格均不相同，高梦旦以理游说折中其间，三十余年始能无大冲突，被称为商务不可少之『润滑剂』。

王云五（1888—1979）中国近现代著名出版家。字岫庐，广东香山人。十八岁开始步入教育界，十九岁时在中国公学任英文教员，学生中有胡适、杨杏佛等。辛亥革命后，曾任南京临时政府总统府秘书、北洋政府教育部司长。一九二一年九月，经胡适推荐进入商务印书馆。一九二二年正式接替高梦旦就任编译所所长后，锐意改革。他策划和主持出版的万有文库共出版两集，第一集一千零一十种两千册，第二集七百种，也是两千册，开创了我国图书出版平民化的新纪元，影响很大。一九三〇年担任商务印书馆总经理之职。此后在主持商务业务外，逐渐把精力投入到政治活动中。一九四六年起任国民党政府经济部长、行政院副院长、财政部长。一九五一年，由香港去台湾。

朱经农（1887—1951）教育家。浙江浦江人。一九一六年获美国华盛顿大学硕士学位，一九二五年任沪江大学文科主任。后历任上海市教育局长、齐鲁大学校长、湖南省教育厅厅长。曾与陶行知一起主编了我国第一套平民千字课本。一九四七年任上海商务印书馆总经理兼光华大学校长，同年出席国民代表大会。一九四九年十一月任中国出席联合国文教会议首席代表，后留美从事译著。

唐钺（1891—1987）中国现代实验心理学家，心理学史专家。字擘黄，原名柏丸。福建闽侯人。一九一一年入北京清华学校，一九一四年毕业后赴美国，先后入康乃尔大学和哈佛大学研究院哲学部心理学系深造，一九二〇年获博士学位。一九二一年回国后，历任北京大学哲学系、清华大学心理系心理学教授、系主任，上海商务印书馆编辑部哲学教育组组长，中央研究院心理研究所第一任所长、研究员。中华人民共和国成立后，历任清华大学、北京大学心理系教授，兼中国科学院心理研究所研究员、学术委员。

目录

第一册

第二册

第三册

第四册

第五册

第六册

第七册

第八册

第一册

大狗跳　小狗跳
大狗叫　小狗叫
大狗小狗
叫一叫　跳一跳

跑跑跑
一二三四
跳跳跳
一二三四

哥哥做狗
弟弟做貓
哥哥叫
弟弟跑

繁与简
貓（猫）

一隻貓

一隻老鼠

貓叫 老鼠跑

貓追老鼠 老鼠逃

繁与简

隻（只）

貓（猫）

哥哥追弟弟

哥哥說

你做老鼠

我做貓

快快跑 快快逃

繁与简

說（说）

貓（猫）

哥哥坐

弟弟站

哥哥說

我站 你坐

哥哥站起

弟弟坐下

繁与简

說（说）

站起來
走過去
走過來
坐下去

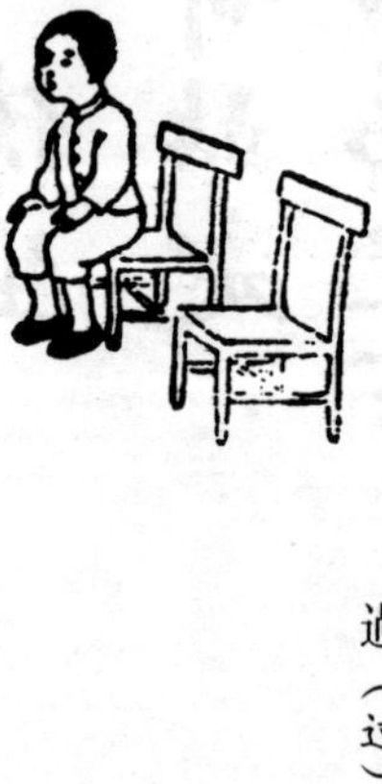

繁与简
來（来）
過（过）

哥哥說

弟弟　你拍手

我唱歌

弟弟說　不

我來唱歌

你拍手

繁与简

說（说）　來（来）

弟弟唱　拉拉拉拉
姐姐笑
弟弟說
你笑　我不唱
姐姐說
我不笑　你唱　你唱

繁与简
說（说）

我走過去

我用手拉門

我把門拉開來

我走出去

繁与简

過（过）

門（门）

開（开）

來（来）

哥哥站在門外
妹妹站在門裏
哥哥要進門
妹妹不開門
哥哥在門外叫
妹妹在門裏笑

繁与简
門（门）
裏（里）
進（进）
開（开）

哥哥在門外叫　妹妹不開門
哥哥說　妹妹　你出來
看我跑馬
聽我唱跑馬歌
妹妹開門
哥哥跑進去

繁与简

門（门）
開（开）
說（说）
來（来）
馬（马）
聽（听）
進（进）

跑跑跑　跳跳跳
你看我的馬兒跑
你看我的馬兒跳
你說我的馬兒好不好
我的馬兒不吃草

繁与简
馬（马）
兒（儿）
説（说）

園裏有草
草上開花
馬兒來吃草
哥哥去拉馬
馬兒說 好哥哥 不要拉
我吃我的草 你看你的花

繁与简

園（园） 裏（里） 開（开） 馬（马） 兒（儿） 來（来） 說（说）

我開園門
我走進園門
我看見紅花白花
我走到花樹下
我站在樹下看花

繁与简

開（开） 園（园） 門（门） 進（进） 見（见） 紅（红） 樹（树）

哥哥做大鳥
弟弟做小鳥
你飛飛　我飛飛
你叫叫　我叫叫
快快飛　慢慢叫
不要說話不要笑

繁与简

鳥（鸟）
飛（飞）
説（说）
話（话）

我的頭　我的脚　我的手

我的頭點點

我的手拍拍

我的脚走走

繁与简

頭（头）

點（点）

我用眼睛看
看你手裏拿的花
我用耳朵聽
聽你嘴裏說的話

繁与简
裏（里） 聽（听） 説（说） 話（话）

兩隻脚　踏踏踏
嘴裏唱　拉拉拉
路上看見好姐姐
頭點點　手拉拉
轉過身來　走到花樹下
眼睛看看花　耳朶聽説話

繁与简

兩（两）隻（只）裏（里）見（见）頭（头）點（点）轉（转）過（过）來（来）樹（树）聽（听）説（说）話（话）

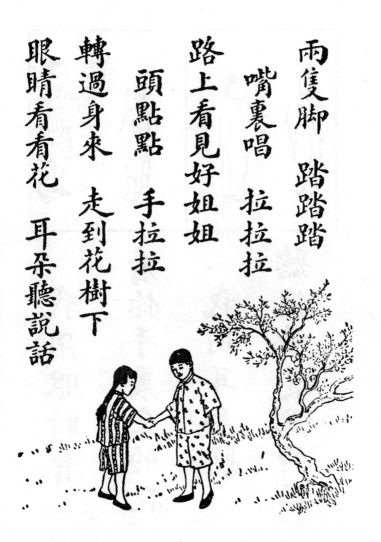

我走過去 我拿衣服
我把衣服穿起來
我轉過來 我拿帽子
我把帽子戴起來
我開門出去 我在路上走

繁与简
過（过）
來（来）
轉（转）
開（开）
門（门）

頭戴紅帽子
身穿花衣服
早上喔喔喔
唱到太陽出

繁与简
頭（头）
紅（红）
陽（阳）

公雞唱一唱
早上天要亮
公雞唱兩唱
天上出太陽
公雞唱三唱
太陽在屋上

繁与简
雞（鸡） 兩（两） 陽（阳）

喔喔喔　太陽上屋

媽媽快起來

起來煮粥

喔喔喔　太陽進屋

爹爹快起來

起來買肉

繁与简

陽（阳）

媽（妈）

來（来）

進（进）

買（买）

來呀　好朋友呀
大家來呀　大家來頑耍
兩手拍拍
兩脚踏踏
轉過去　轉過來
完了完了　大家停罷停罷

繁与简

來（来）
頑（顽）
兩（两）
轉（转）
過（过）
罷（罢）

吹吹吹　打打打　風不停　雨要下
坐在家裏没説話
風呀你不要吹
雨呀你停停罷
我們要出門
我們要頑耍

繁与简 風（风） 裏（里） 説（说） 話（话） 罷（罢） 們（们） 門（门） 頑（顽）

快樂呀　快樂呀　紅的花　白的花

你們站在太陽下

没有風來吹

没有雨來打

小鳥飛來同你耍

他跳上跳下　同你説的什麼話

繁与简

樂（乐）　紅（红）　們（们）　陽（阳）　風（风）　來（来）　鳥（鸟）　飛（飞）　説（说）　話（话）　麼（么）

小鳥在樹枝上叫 小孩子問
他說的什麼話
媽媽說 他是唱歌 不是說話
小孩子問 他唱的什麼歌
媽媽說
他唱的是快樂歌

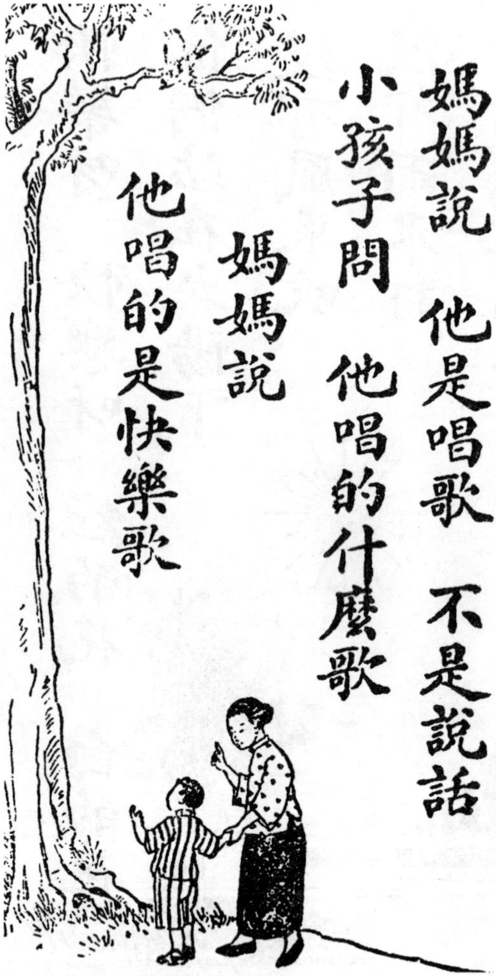

繁与简

鳥（鸟） 樹（树） 問（问） 說（说） 麼（么） 話（话） 媽（妈） 樂（乐）

快樂呀 快樂呀
綠的葉子紅的花
樹的椏枝我的家
沒有風來吹 沒有雨來打
哥哥姐姐 爹爹媽媽
大家都來呀 大家來在一起耍

繁与简

樂（乐） 綠（绿） 葉（叶） 紅（红） 樹（树） 椏（桠） 風（风） 來（来） 媽（妈）

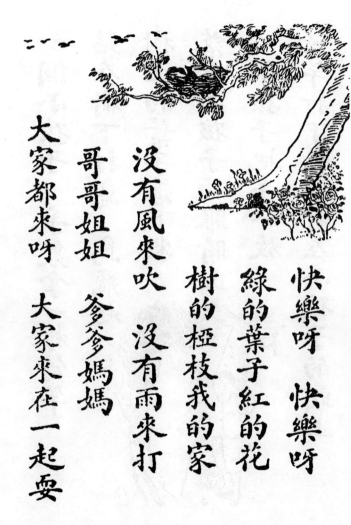

一個小孩子　手裏拿一根竹竿

站在樹下打鳥　鳥飛起

樹上的葉子落下來

落在小孩子的眼睛上

小孩子把手一放

竹竿打下來　打在小孩子的頭上

繁与简

個（个）裏（里）樹（树）鳥（鸟）飛（飞）葉（叶）來（来）頭（头）

黑羊餓了
白貓說 你要吃魚嗎 我請你吃魚
黑羊回答說 我不要
母雞說 你要吃蟲嗎 我請你吃蟲
黑羊回答說 我不要
黃狗說 你要吃骨頭嗎 我請你吃骨頭
黑羊回答說 我不要
老馬說 你跟我去吃草罷 黑羊就跟他去

繁与简

餓（饿） 貓（猫） 說（说） 魚（鱼） 嗎（吗） 請（请） 雞（鸡） 蟲（虫） 頭（头） 馬（马） 罷（罢）

貓歡喜　一隻老鼠到嘴裏

狗歡喜　兩根骨頭丟在地

雞歡喜　三個小蟲一把米

羊歡喜　四面都是青草地

人歡喜　五個朋友在一起

繁与简

貓（猫）歡（欢）隻（只）裏（里）兩（两）頭（头）雞（鸡）個（个）蟲（虫）

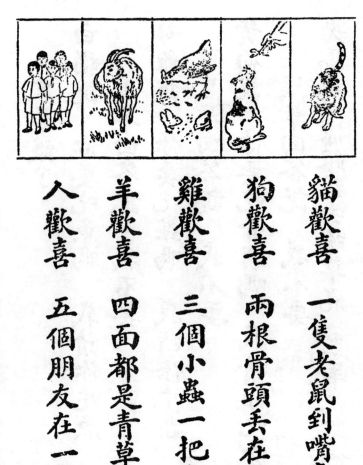

好朋友 好朋友 大家拉著手

你在前 我在後

大家跟著走

跟著走 同唱歌

朋友少 快樂少

朋友多 快樂多

繁与简

後（后）

樂（乐）

六個好寶寶

三個打頭飛　三個跟著叫

前面不多　後面不少

撲撲撲撲學飛鳥

七個好朋友

一個打頭跑　六個跟著走

少的在前　多的在後

汪汪汪汪學小狗

繁与简

個（个）

寶（宝）

頭（头）

飛（飞）

後（后）

撲（扑）

學（学）

鳥（鸟）

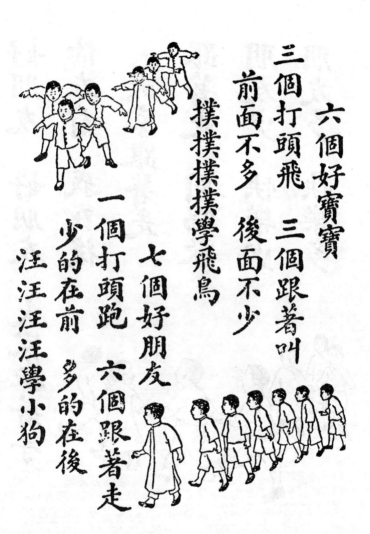

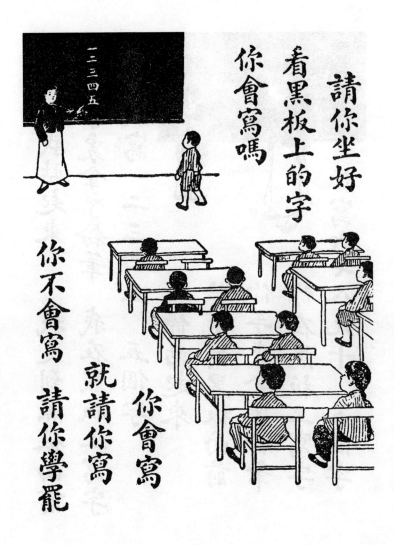

請你坐好
看黑板上的字
你會寫嗎

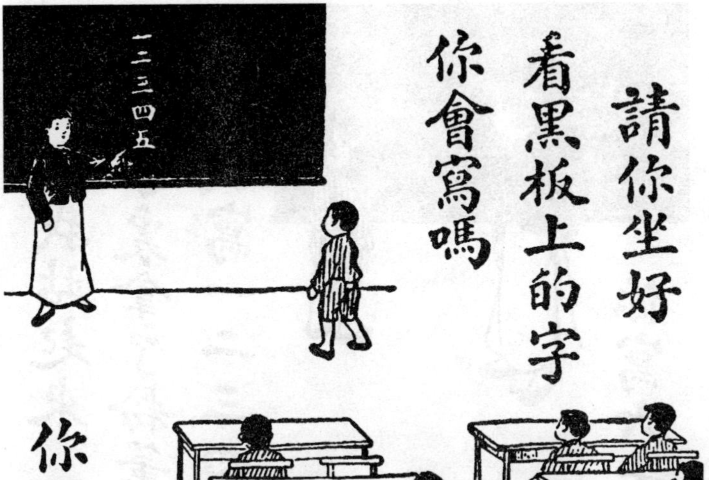

你會寫
就請你寫
你不會寫　請你學罷

繁与简

請（请）
會（会）
寫（写）
嗎（吗）
學（学）
罷（罢）

我站起來　我走到黑板面前

我手裏拿了粉筆　我在黑板上寫字

我寫一二三四五　五個字

你站起來

你走到黑板面前

你手裏拿了粉筆

你在黑板上寫字

你寫六七八九十　五個字

繁与简

來（来）
裏（里）
筆（笔）
寫（写）
個（个）

哥哥拿筆
在紙上畫一隻鳥
弟弟看見了
嚷著說 好呀 好呀

弟弟拿剪刀
去剪哥哥畫的鳥
哥哥看見了
嚷著說 剪壞了 剪壞了

繁与简

筆（笔） 紙（纸） 畫（画） 隻（只） 鳥（鸟） 見（见） 說（说） 壞（坏）

拿張紙兒剪隻鳥　穿根線兒拉著跑
趁著風兒舉起手　舉起手兒丟得高
丟得高　飛得高
手兒快快拉　脚兒快快跑
回轉身来看　完了完了
手裏有線沒有鳥

繁与简

張（张）紙（纸）兒（儿）隻（只）鳥（鸟）線（线）風（风）舉（举）飛（飞）轉（转）來（来）裏（里）

馬和牛　跟着先生學種田
馬學會種田　牛也學會種田
牛種田多　馬種田少
牛快樂　馬不快樂
先生教牛馬拉車子
馬拉車子跑得快
牛拉車子跑得慢
馬快樂　牛不快樂

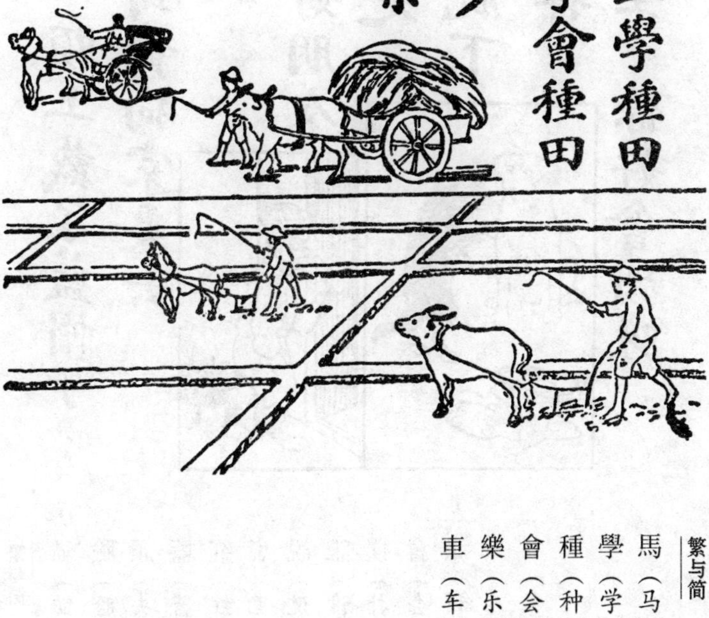

繁与简

馬（马）　學（学）　種（种）　會（会）　樂（乐）　車（车）

黑貓臉上拍了白粉　頭上戴了藍帽子
身上穿了紅衣服　到黃狗家裏去
黃狗說　你是誰
黑貓說　我是你的好朋友
黃狗說　不是不是
黑貓把帽子和衣服脫下
把臉上的粉也撲掉
黃狗說　貓先生　你好會頑呀

繁与简

貓（猫）　臉（脸）　頭（头）　藍（蓝）　紅（红）　裏（里）　説（说）　誰（谁）　撲（扑）　會（会）　頑（顽）

貓先生說　老鼠呀
好寶寶買的糖食
你們不要去吃掉
好寶寶造的紙屋子
你們不要去咬
好寶寶脫下來的褲子
你們也不要去咬
誰不聽我的話　我就要捉住誰

繁与简

貓（猫）　寶（宝）　買（买）　們（们）　紙（纸）　來（来）　褲（裤）　誰（谁）　聽（听）　話（话）

第二册

一　這本書兒

你也愛，我也愛，
這本書兒真不壞。
這面有故事，那面有詩歌；
詩歌真是好，故事真是多。
故事多，詩歌好，圖畫也不少。
快快看下去！
有沒有大的牛、羊、小的鳥？

繁与简

這（这）書（书）兒（儿）愛（爱）壞（坏）詩（诗）圖（图）畫（画）鳥（鸟）

二 小鳥没有耳朵

小鳥在草地上頑耍，牛、羊在後面吃草。

牛説：「那鳥没有耳朵，一定聽不見聲音。」

羊説：「我去叫一聲看。」

羊跑過去，「咩」一叫。

小鳥就飛掉了。

牛説：「咦！那鳥没有耳朵，怎麼會聽見聲音呢？」

繁与简

鳥（鸟） 頑（顽） 後（后） 説（说） 聽（听） 見（见） 聲（声） 過（过） 咩（咩） 飛（飞） 麽（么） 會（会）

三　鳥怎麼沒有耳朵？

長耳朵的鳥，和貓很要好。鳥要做壞事，貓勸他不要。鳥不聽貓話，貓就把他咬。這邊一咬，那邊一咬，兩隻耳朵都咬掉。鳥說：「啊喲！啊喲！不好了」。

繁与简

鳥（鸟）麼（么）長（长）貓（猫）壞（坏）勸（劝）聽（听）邊（边）兩（两）隻（只）説（说）喲（哟）

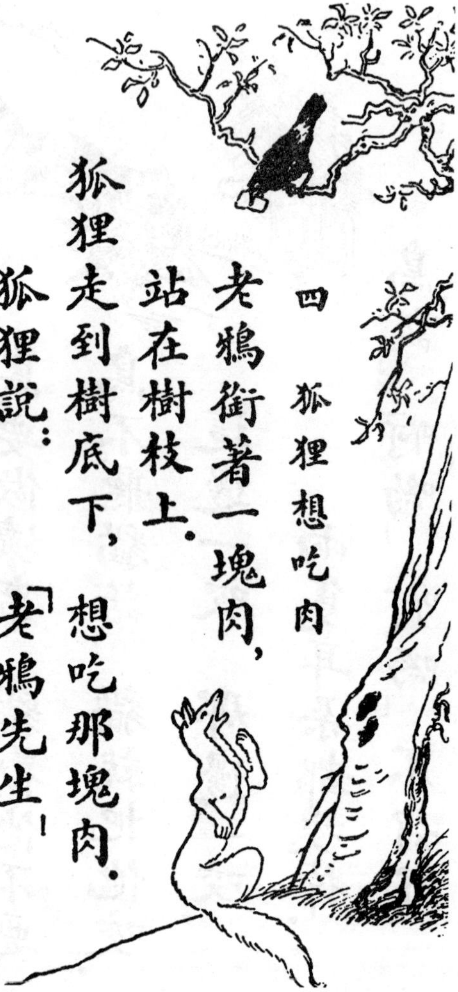

四 狐狸想吃肉

老鴉銜著一塊肉，站在樹枝上.

狐狸走到樹底下，想吃那塊肉.

狐狸說：「老鴉先生！你的聲音真好聽，你怎麼不唱歌呢？」

老鴉聽了很歡喜，要想唱歌.把嘴一張，那塊肉落下來了.

繁与简

鴉（鸦） 銜（衔） 塊（块） 樹（树） 聲（声） 説（说） 聽（听） 麽（么） 歡（欢） 張（张） 來（来）

五　狐狸怕狗

狐狸銜了一塊肉，在路上走，碰著一隻白兔．

狐狸丢了那塊肉，把白兔捉去．

狐狸捉了一隻白兔，在路上走，碰著一隻白鵝．

狐狸丢了白兔，把白鵝捉去．

狗來了，狐狸怕狗，

趕快放了白鵝，逃到山裏去了．

繁与简

銜（衔）
塊（块）
隻（只）
鵝（鹅）
來（来）
趕（赶）
裏（里）

六　上山下山

身體都要彎！身體都要彎！
大家用力呀！用力上山。
身體不要彎！身體不要彎！
大家趕快呀！趕快下山。
下山又上山，上山又下山。
我怕跌，你來攙。
你怕跌，我來攙。

繁与简

體（体）
彎（弯）
趕（赶）
來（来）
攙（搀）

七 搖鈴

我把手拿鈴.

我把鈴拿好.

我,動手搖鈴.

我一面走路,一面搖鈴,

丁零! 丁零! 丁零! 丁零!

我一面轉身,一面搖鈴,

丁零! 丁零! 丁零! 丁零!

繁与简

鈴(铃) 動(动) 轉(转)

八 丁零零。

丁零零！

丁零零！

高高山上一條藤，

藤條頭上掛銅鈴。

風吹藤動銅鈴動，風定藤停銅鈴停。

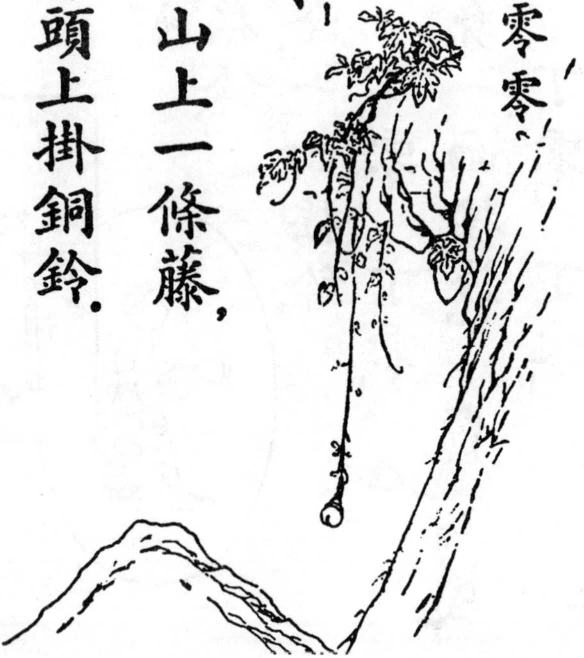

繁与简

條（条） 頭（头） 掛（挂） 銅（铜） 鈴（铃） 風（风） 動（动）

九

谁把铜铃挂在猫颈上？

老鼠怕猫。小老鼠说：「我们把铜铃挂在猫颈上。猫一动，铜铃就响。我们听见响声，知道猫来，就可以赶快逃走了。」大老鼠说：「很好很好！谁去把铜铃挂在猫的颈上呢？」

繁与简

誰（谁）銅（铜）鈴（铃）掛（挂）貓（猫）頸（颈）説（说）們（们）動（动）響（响）聽（听）見（见）聲（声）來（来）趕（赶）

十　螞蟻搬米

米桶裏有米。

螞蟻洞裏有螞蟻。

螞蟻洞裏的螞蟻，

去搬米桶裏的米。

螞蟻走到桶裏，把米搬到洞裏。

一個螞蟻搬一粒米。兩個螞蟻搬兩粒米。

三個螞蟻搬三粒米。……

繁与简

螞（蚂）　蟻（蚁）　裏（里）　個（个）　兩（两）

十二　螞蟻漂在水裏

地上有許多米．螞蟻知道了，開了洞門出來搬．天下雨了，雨水沖到洞裏去．洞外的螞蟻漂在水裏，洞裏的螞蟻也漂出來．一張樹葉漂來了，許多螞蟻都嚷著說：「船來了，船來了；我們趕快上船呀！」

繁与简

螞（蚂）蟻（蚁）裏（里）許（许）開（开）門（门）來（来）沖（冲）張（张）樹（树）葉（叶）説（说）們（们）趕（赶）

十三　搖船

搖搖搖！向前搖。
一划一划穿過橋。
想起來，真好笑：
有脚的桌子家裏坐，
没脚的船兒出外跑。

繁与简

過（过）　橋（桥）　來（来）　裏（里）　兒（儿）

十四 外婆橋

搖搖搖！一搖搖到外婆橋。
外婆叫我好寶寶：
「糖一包，果一包，
還有餅兒還有糕。
你要吃，就動手；
吃不完，拿著走。」

繁与简
橋（桥）寶（宝）還（还）餅（饼）兒（儿）動（动）

十五 愛芳和小泥人

愛芳把小泥人放在桌子上．

拿了一小盆的糖食，一小盆的果子，一小盆的糕，一小盆的餅，一小杯的茶，放在小泥人跟前．

愛芳說：「這是茶，這是糖，這是果子，這是糕餅，請吃呀！你怎麼一聲也不響呢？」

繁与简

愛（爱）
餅（饼）
説（说）
這（这）
請（请）
麼（么）
聲（声）
響（响）

十六　洗泥人

泥人臉上有一點骯髒。

愛芳說：「我來給你洗臉罷。」

愛芳把水給泥人洗臉，泥人滿臉都骯髒了。

愛芳說：「我來給你洗澡罷。」

愛芳把水給泥人洗澡，

泥人滿身都骯髒了。

繁与简

臉（脸）　點（点）　骯（肮）　髒（脏）　愛（爱）　說（说）　來（来）　罷（罢）　給（给）　滿（满）

十七　叫不倒翁睡覺

愛芳拿木頭做了小牀；用綠布做了枕頭；用花布做了被頭；把不倒翁睡在小牀上。

愛芳把手一放，不倒翁跳起來，把被頭推到牀下去了。

愛芳說：「老先生！你不要睡也就罷了，怎麼把被頭也推到牀下去呢？」

繁与简

覺（觉）愛（爱）頭（头）牀（床）綠（绿）來（来）説（说）罷（罢）麼（么）

十六　不倒翁

說你獃，你很獃；
裝著笑臉口不開，
鬍子一大把，樣子像小孩。
說你獃，你不獃；
把你一推你一歪，
要你睡下去，你又站起來。

繁与简

說（说）獃（呆）裝（装）臉（脸）開（开）鬍（胡）樣（样）來（来）

十九　鬍鬚和牙齒

愛芳問爹爹：「外公嘴上怎麼有鬍鬚？」爹爹說：「老了自然有鬍鬚了。」愛芳說：「咦！很小的小貓，怎麼也有鬍鬚呢？」

愛珍問爹爹：「外婆嘴裏怎麼沒有牙齒？」爹爹說：「老了自然沒有牙齒了。」愛珍說：「咦！很小的弟弟，怎麼也沒有牙齒呢？」

繁与简

鬍（胡）　鬚（须）　齒（齿）　愛（爱）　問（问）　麼（么）　說（说）　貓（猫）　裏（里）

二十　刷牙齒

我左手拿着水杯。我右手拿着牙刷。

我彎着身體。我把牙刷放在嘴裏。

我動手刷牙齒。我把牙刷拿出來。

我喝一口水。

我把水漱口。

我把頭低下去。

我把水吐出來。

繁与简

齒（齿）
彎（弯）
體（体）
裏（里）
動（动）
來（来）
頭（头）

三一 左右高低

向左轉！向左轉！
看好這隻手，
吃起飯來拿著碗。
向右轉！向右轉！
看好那隻手，
寫起字來拿筆桿。

繁与简

轉（转） 這（这） 隻（只） 飯（饭） 來（来） 寫（写） 筆（笔） 桿（杆）

左手高，右手高，
舉起兩隻手，
一二三四學體操。
左手低，右手低，
彎了我的腰，
要到地上拿東西。

繁与简
舉（举） 兩（两） 隻（只） 學（学） 體（体） 彎（弯） 東（东）

二十二　長頸大肚皮

長頸大肚皮，像雞不是雞。一張嘴，兩張嘴，吃的是白湯，吐的是黃水。黃水，黃水，這樣的酒，喝不醉；客人來，請他喝一杯。

繁与简

長（长）頸（颈）雞（鸡）張（张）兩（两）湯（汤）這（这）樣（样）來（来）請（请）

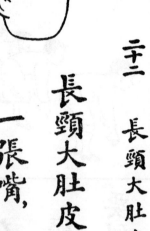

二十三 小老鼠喝酒

大老鼠叫小老鼠不要喝酒。有一天，小老鼠爬到酒壺口，把鼻子一嗅，笑笑說：「香呀！這東西一定很好吃，媽媽怎麼叫我不要吃呢？」小老鼠把酒喝了幾口，醉倒在酒壺邊；歪了頭，睡著了。老貓走來，他也不知道。

繁与简

壺（壶） 說（说） 這（这） 東（东） 媽（妈） 麼（么） 幾（几） 邊（边） 頭（头） 貓（猫） 來（来）

二十四 誰會跑

誰會跑？馬會跑．

馬兒怎樣跑？四脚着地身不搖．

誰會爬？蟲會爬．

蟲兒怎樣爬？許多脚兒慢慢划．

誰會飛？鳥會飛．

鳥兒怎樣飛？翅膀撲撲去又回．

誰會游？魚會游．

魚兒怎樣游？搖搖尾巴掉掉頭．

繁与简

誰（谁） 會（会） 馬（马） 兒（儿） 樣（样） 蟲（虫） 許（许） 飛（飞） 鳥（鸟） 撲（扑） 魚（鱼） 頭（头）

二十五　他們做什麼

許多小寶寶，眼睛向著本子瞧．他們做什麼？

許多小寶寶，手拿筆桿搖幾搖．他們做什麼？

許多小寶寶，又拿木頭又拿刀．他們做什麼？

許多小寶寶，嘴裏聲音低又高．他們做什麼？

許多小寶寶，拿著皮毬場上拋．他們做什麼？

繁与简

們（们）　麼（么）　許（许）　寶（宝）　筆（笔）　桿（杆）　幾（几）　頭（头）　裏（里）　聲（声）　毬（球）　場（场）

二十六 貓的寶貝

貓拾著一個小皮毬，算做寶貝。

鵝來瞧瞧，鵝說：「這是大鵝蛋。」

雞來瞧瞧，雞說：「這是大雞蛋。」

狗來瞧瞧，狗說：「這是大饅頭。」

小孩子來瞧瞧，小孩子把毬拾起來就拍。

貓嚷著說：

「啊喲！啊喲！不好了！要壞了！」

繁与简

貓（猫） 寶（宝） 貝（贝） 個（个） 毬（球） 鵝（鹅） 來（来） 說（说） 這（这） 雞（鸡） 饅（馒） 頭（头） 喲（哟） 壞（坏）

二十七　狐狸吃石子

母雞睡在山脚下。

狐狸在山上看見了，

追下來，要想吃母雞。脚聲一響，

母雞嚇醒了，撲起來就逃。

狐狸走到母雞睡的地方，看見許多石子。

他說：「這一定是雞蛋！我很餓，把他吃了罷。」

狐狸把石子吞到肚子裏去，肚子痛起來了。

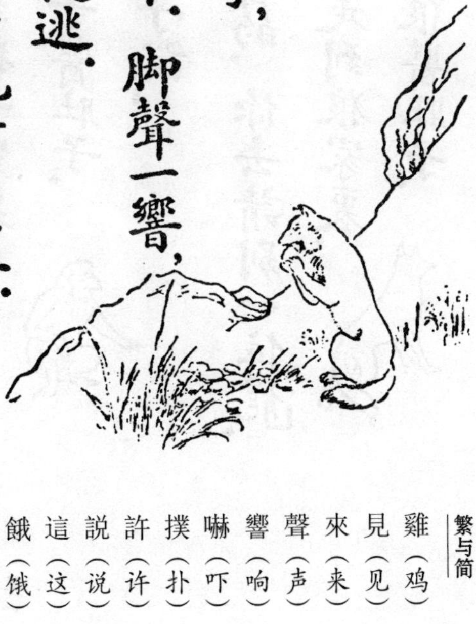

繁与简

雞（鸡）　見（见）　來（来）　聲（声）　響（响）　嚇（吓）　撲（扑）　許（许）　說（说）　這（这）　餓（饿）　罷（罢）　裏（里）

二十八　狐狸跌在水裏

狐狸吞了石子，肚子很痛.

狐狸走到猴子家裏，

請猴子醫肚子.

猴子說：

「我不會醫的，你去請別一位罷」.

狐狸走到狼家裏，

請狼醫肚子.

繁与简

裏（里）　請（请）　醫（医）　説（说）　會（会）　罷（罢）

狼也説：

「我不會醫的，你去請别一位罷」.

狐狸走到豬家裏，

請豬醫肚子.

豬説：

「你去喝一點水看」.

狐狸走到河邊去喝水，

脚站不住，冲到水裏去了.

繁与简

豬（猪）

點（点）

邊（边）

沖（冲）

二十九 撈月亮

小猴子看見井裏有一個月亮，嚇了一跳，說：「啊喲，月亮跌在井裏了」！小猴子回去告訴老猴子。老猴子說：「我們去撈罷。」許多猴子走到井口，你咬我的尾巴，我咬你的尾巴，掛到井裏去，要把月亮撈起來。

繁与简

撈（捞） 見（见） 裏（里） 個（个） 嚇（吓） 説（说） 喲（哟） 訴（诉） 們（们） 罷（罢） 許（许） 掛（挂） 來（来）

三十　月亮

月亮呀！你是一個燈籠嗎？

下來罷！下來罷！

我的小弟弟，要把你拿在手裏耍。

月亮呀！你是一面鏡子嗎？

下來罷！下來罷！

我的好姐姐，要把你照了梳頭髮。

繁与简

個（个）　燈（灯）　籠（笼）　嗎（吗）　來（来）　罷（罢）　裏（里）　鏡（镜）　頭（头）　髮（发）

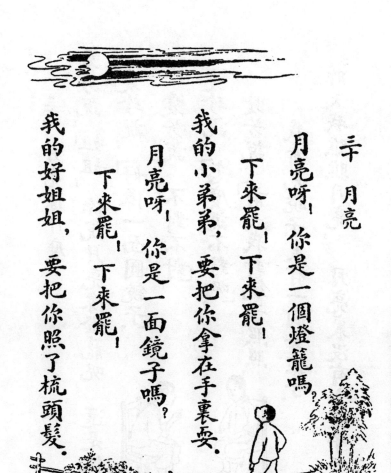

三十一 月亮像什麼

愛芳說：「姐姐！你說月亮像燈籠呢？還是像鏡子？」

愛珍說：「好像一面圓鏡子。」

愛芳說：「不對不對！」

愛珍說：「怎麼說不對呢？」

愛芳說：「前天我對鏡子照照，我看見鏡子裏有一個女孩子。昨天我瞧瞧月亮，月亮裏沒有女孩子呀。」

繁与简

麼（么） 愛（爱） 説（说） 燈（灯） 籠（笼） 還（还） 鏡（镜） 圓（圆） 對（对） 見（见） 裏（里） 個（个）

三十二 星的媽

月亮呀！月亮呀！
你是星的媽。
許多小星你帶他，
許多小星跟你耍。
帶也罷，耍也罷，
我問你的小孩子，
什麼時候會長大？

繁与简

媽（妈） 許（许） 帶（带） 罷（罢） 問（问） 麼（么） 時（时） 會（会） 長（长）

三十三　星落在池子裏

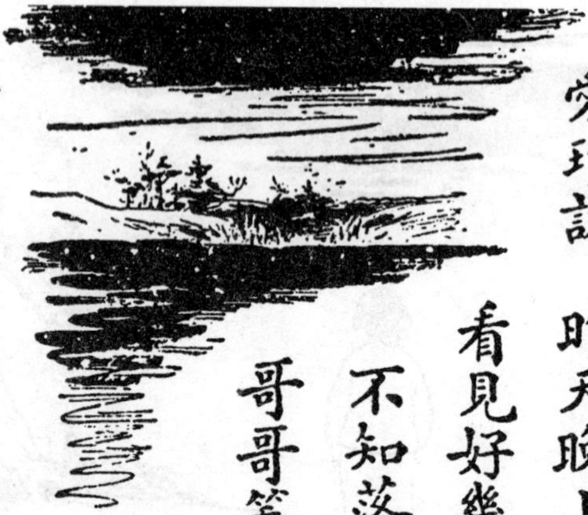

愛珍說：「昨天晚上，我在院子裏耍；看見好幾個流星，好像落下來的；不知落到什麼地方去了」

哥哥笑著說：「一定落在池子裏了.」

愛珍說：「你怎麼知道呢？」

哥哥說：

「今天晚上，你到池子邊去看，就知道了.」

繁与简

裏（里）
愛（爱）
說（说）
見（见）
幾（几）
個（个）
來（来）
麼（么）
邊（边）

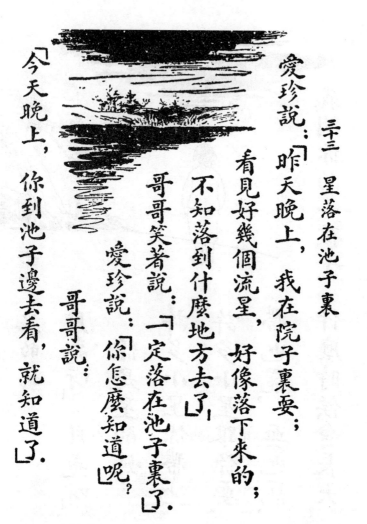

三十四 影子

愛芳說：「我的影子膽很小。」

愛珍說：「怎麼呢？」

愛芳說：「他不敢跟我到暗的地方去。」

愛珍說：「我的影子膽很大。」

愛芳說：「怎麼呢？」

愛珍說：「我走到河邊，我不敢下水，他敢到水裏去。」

繁与简

愛（爱）

說（说）

膽（胆）

麼（么）

邊（边）

裏（里）

三十五 太陽膽子最小

愛芳說：「要算老鼠的膽子最小了，日裏不敢出來，看見貓的影子，就要逃走。」

哥哥說：「不對！你的膽子最小。老鼠住在暗洞裏，你不敢到暗地方去。」

愛芳說：「這樣說起來，要算太陽的膽子最小了。黑夜裏，太陽躲開，不到天亮的時候，他不敢出來。」

繁与简

陽（阳） 膽（胆） 愛（爱） 説（说） 裏（里） 來（来） 見（见） 貓（猫） 對（对） 樣（样） 開（开） 時（时）

三十六　太陽

太陽，太陽！
你為什麼這樣忙？
今天向西去，明天在東方。
夜裏躲在那裏？
日裏那裏來的光？
你在天上，又紅又燙，
可就是火燒的月亮？

繁与简

陽（阳）　為（为）　麼（么）　這（这）　樣（样）　東（东）　裏（里）　來（来）　紅（红）　燙（烫）　燒（烧）

二十七 弄火

猴子喜歡弄火．先生不許他弄．

有一回，先生出去了，猴子又去弄火．

後來，先生從外面回來；

猴子怕先生罵，忙用嘴去吹火．

火燒起來，

猴子臉上的毛都燒掉，

皮也給火燙紅了．

繁与简

歡（欢） 許（许） 後（后） 來（来） 從（从） 罵（骂） 燒（烧） 臉（脸） 燙（烫） 紅（红）

三十八　學做事

雞、鴿、鵝、鴨，跟著先生學做事。

先生說：「雞，身體重，翅膀短；可以學跑。

鴿，身體輕，翅膀長；可以學飛。

鵝、鴨，毛上有油，身體像船；可以學游水。」

雞、鴿、鵝、鴨，聽了先生的話，

都用力去學。

後來都學會了。

繁与简

學（学）　雞（鸡）　鴿（鸽）　鵝（鹅）　鴨（鸭）　說（说）　體（体）　輕（轻）　長（长）　飛（飞）　聽（听）　話（话）　後（后）　來（来）　會（会）

三十九　公雞的臉紅了

公雞知道鴿子出去了，到鴿籠裏去吃米．鴿子從外面回來，看見公雞在他的籠裏．忙問他說：「你在這裏做什麼？」公雞給米梗住了喉嚨，說不出什麼；心裏一急，臉就變紅了．

繁与简

雞（鸡）臉（脸）紅（红）鴿（鸽）籠（笼）裏（里）從（从）來（来）見（见）問（问）説（说）這（这）麼（么）給（给）嚨（咙）變（变）

四十　鴿姑姑

鴿姑姑，在窠裏；老和小，不分離。

鴿姑姑，都飛起；低又高，高又低。

鴿姑姑，謝謝你！我有信，請你寄。

繁与简

鴿（鸽）裏（里）離（离）飛（飞）謝（谢）請（请）

四十一　不留心

雞、鴿、鵝、豬、羊，在一起頑．

雞不留心，踏著了鴿子的脚．

鴿子要去打雞，不留心、碰了鵝的頭．

鵝要去打鴿，不留心、碰了羊的耳朵．

羊要去打鵝，不留心、碰了豬的鼻子．

繁与简

雞（鸡）　鴿（鸽）　鵝（鹅）　豬（猪）　頑（顽）　頭（头）

大家一面打，一面駡，聲音很鬧。
小孩子説：「你們在一起要鬧，
還是分離開來罷。」
小孩子就把鴿子趕到窠裏，
雞、鵝關在籠裏，
豬、羊關在栅闌裏。

繁与简

駡（骂）聲（声）鬧（闹）説（说）們（们）還（还）離（离）開（开）來（来）罷（罢）趕（赶）裏（里）關（关）籠（笼）闌（阑）

四十二　老鴉和燕子

許多小鳥，說話的時候都用力喊。先生勸他們說：「你們不要鬧，喉嚨要喊壞的！」燕子聽了先生的話，常常留心。老鴉不留心。後來燕子說話很好聽，人家都歡喜他，讓他在家裏做窠。老鴉一開口，人家就厭惡他。

繁与简

鴉（鸦）　開（开）
許（许）　厭（厌）
鳥（鸟）　惡（恶）
說（说）
話（话）
時（时）
勸（劝）
們（们）
鬧（闹）
嚨（咙）
壞（坏）
聽（听）
後（后）
來（来）
歡（欢）
讓（让）
裏（里）

四十三 喜鵲和烏鴉

小喜鵲，長尾巴。東喳喳，西喳喳。
你為什麼笑？你有什麼話？
大家歡喜聽，請你就說罷！

老烏鴉，尖嘴巴。東刮刮，西刮刮。
你為什麼事，常常開口罵？
大家厭惡你，請你就走罷！

繁与简

鵲（鹊） 烏（乌） 鴉（鸦） 長（长） 東（东） 為（为） 麽（么） 話（话） 歡（欢） 聽（听） 請（请） 説（说） 罷（罢） 開（开） 罵（骂） 厭（厌） 惡（恶）

四十五　音樂隊

老黃狗叫的聲音像打鑼．
老驢子叫的聲音像吹號筒．
老公雞叫的聲音像吹叫子．
這個音樂隊，走到山裏．
山裏的野人，嚇得急忙逃走．

四十六　聲音

我們這樣打鼓，鼕！鼕！鼕！

繁与简

樂（乐）隊（队）聲（声）鑼（锣）驢（驴）號（号）雞（鸡）這（这）個（个）裏（里）嚇（吓）們（们）樣（样）鼕（咚）

我們這樣打鑼，鏜鏜鏜！

我們這樣打鐘，鐺鐺鐺！

聲音聲音，怎麽這樣好聽？

我們這樣吹笛，的的的！

我們這樣吹簫，嗚嗚嗚！

我們這樣吹號，都都都！

聲音聲音，怎麽這樣好聽？

繁与简

這（这） 鑼（锣） 鏜（镗） 鐘（钟） 鐺（铛） 聲（声） 麽（么） 聽（听） 簫（箫） 嗚（呜） 號（号）

四十七　種東西

祖父種菜．文南問：「你為什麼要種他？」
祖父說：「要他長大．」
文南也去種東西．他種的是：
一面小鼓，一個小鐘；
還有一管小笛，一管小簫．
祖父問他為什麼？他說：
「我也要他長大一點．」

繁与简

種（种）東（东）問（问）為（为）麼（么）說（说）長（长）個（个）鐘（钟）還（还）簫（箫）點（点）

四十八　楊柳條

文南把楊柳條插在泥土裏．文南天天去看．過了幾天，文南把楊柳條拔起來看看，又插下去．祖父說：「你為什麼把楊柳拔起來呢」？文南說：「我看看他生根沒有」．

繁与简
楊（杨）條（条）裏（里）過（过）幾（几）來（来）說（说）為（为）麼（么）

四十九　讓開點

一個人，拿了一碗油，走到街上．
嘴裏喊著說：
「讓開點，讓開點，
留心！油來了，油來了．」
許多人都讓開了．
一個人，騎了一匹馬，走到街上．
嘴裏也喊著說：

繁与简

讓（让）　開（开）　點（点）　個（个）　裏（里）　説（说）　來（来）　許（许）　騎（骑）　馬（马）

「讓開點，讓開點，
留心！馬來了，馬來了」。
許多人也都讓開了。
一個人，拿了一隻籃，走到街上。
嘴裏喊著說：
「讓開點，讓開點，
留心！籃來了，籃來了」。
許多人對他看了一看，都不讓開。

繁与简
隻（只）
籃（篮）
對（对）

五十　東南西北

門向東，窗向東，
早起看見太陽紅。
門向西，窗向西，
傍晚看見太陽低。
門向南，窗向南，
日暖風和不用關。
門向北，窗向北，
天冷風多開不得。

繁与简

東（东）門（门）見（见）陽（阳）紅（红）風（风）關（关）開（开）

第三册

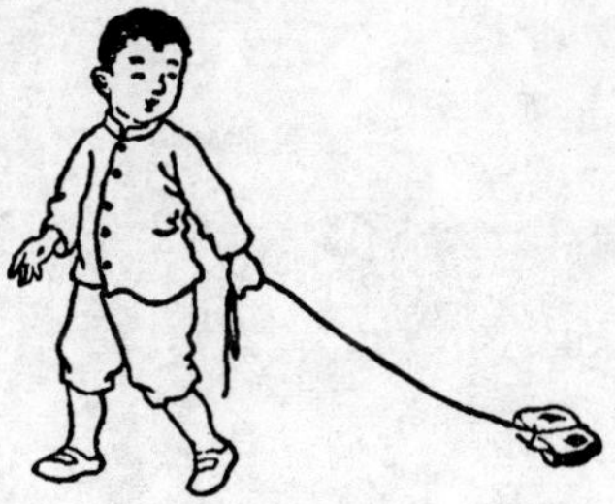

一　愛羣的喇叭

愛羣在草地上吹喇叭。許多男小孩、女小孩，都來看他。

愛羣走到東，他們跟到東；愛羣走到西，他們跟到西。

男小孩、女小孩，越聚越多，愛羣的喇叭，也越吹越響。

繁与简

愛（爱）
羣（群）
許（许）
來（来）
東（东）
們（们）
響（响）

二 喇叭歌

嘩打打 嘩打打
喇叭嘩打打，吹到東海壩。
暖的太陽呀，出來罷，
出來聽我吹喇叭。
嘩打打 嘩打打
喇叭嘩打打，吹到西山下。
涼的西風呀，起來罷，
起來聽我吹喇叭。

繁与简
嘩（哗） 東（东） 壩（坝） 陽（阳） 罷（罢） 聽（听） 涼（凉） 風（风） 來（来）

嘩打打　嘩打打
喇叭嘩打打，吹到南海壩。
許多魚蝦呀，游來罷！
游來聽我吹喇叭。
嘩打打　嘩打打
喇叭嘩打打，吹到北山下。
許多野獸呀，走來罷！
走來聽我吹喇叭。

繁与简
許（许）
魚（鱼）
蝦（虾）
獸（兽）

三 老虎捉蝦

一隻老虎，住在山谷裏，把山谷裏的野獸，都吃完了。他就離開了山谷，到海邊去找東西吃。許多海蝦，在海灘上跳。老虎説，「我就吃點小東西罷。」老虎跳到海灘上去捉蝦。後來海水沖過來，老虎就死在海水裏。

繁与简

蝦（虾） 隻（只） 裏（里） 獸（兽） 離（离） 開（开） 邊（边） 東（东） 許（许） 灘（滩） 説（说） 點（点） 罷（罢） 後（后） 沖（冲） 過（过） 來（来）

四　小蟹生氣

小蟹離開河底，爬上沙灘游戲。

忽然有根竹竿，打著蟹的身體。

小蟹心裏生氣，忙把螯兒舉起；

用力鉗住竹竿，說聲「我不放你」

竹竿是誰拿的？蟹也不問底細。

竹竿輕輕舉起，蟹到漁翁手裏。

繁与简

氣（气）　離（离）　開（开）　灘（滩）　戲（戏）　體（体）　裏（里）　兒（儿）　舉（举）　鉗（钳）　説（说）　聲（声）　誰（谁）　問（问）　細（细）　輕（轻）　漁（渔）

五　老蚌和水鳥

老蚌爬在沙灘上，
張開殼兒向太陽。
水鳥忽然來啄他，
蚌殼鉗住鳥嘴巴。
蚌說「你這小水鳥！
不問底細把我咬；
今天鉗你到明天，

繁与简

鳥（鸟）灘（滩）張（张）開（开）殼（壳）兒（儿）陽（阳）來（来）鉗（钳）説（说）這（这）問（问）細（细）

看你怎樣跑得了」，
水鳥罵聲「老蚌精，
今天明天天氣晴，
沒有水也沒有雨，
看你怎樣活得成」？
蚌不放鳥鳥要啄；
漁翁見了心快樂。
輕輕走到沙灘上，
老蚌水鳥一起捉。

繁与简

樣（样）　罵（骂）　聲（声）　氣（气）　漁（渔）　見（见）　樂（乐）　輕（轻）

六　青蛙的肚皮破了

雨停了，天還沒有晴。許多青蛙，都跳出來游戲。大家在池邊亂叫。一隻小青蛙，要勝過別的青蛙，挺起了肚皮，越叫越響。不想用力太過，把肚皮挺破了。

繁与简

還（还）許（许）來（来）戲（戏）邊（边）亂（乱）隻（只）勝（胜）過（过）響（响）

七 兔兒躲在山洞裏

虎大王要捉小兔兒．小兔兒不知躲在什麼地方好，去和猴子商量．猴子說「你躲在樹上罷」小兔兒不會爬樹；去和青蛙商量．青蛙說「你躲在池水裏罷」小兔兒不會游水；沒有法子．後來小兔兒在山谷裏，打了一個小洞，躲在小洞裏．虎大王不能進小洞，小兔兒就安穩了．

繁与简

兒（儿）裏（里）麼（么）說（说）樹（树）罷（罢）會（会）後（后）個（个）進（进）穩（稳）

八 不做工的沒得吃

猴子拾著一個桃核。猴子請兔兒幫他種桃核，兔兒不肯。猴子請野豬幫他種桃核，野豬也不肯。猴子說「我就自己種罷。」桃核長成了小桃樹，猴子請兔兒幫他澆水，兔兒不肯。猴子請野豬幫他澆水，野豬也不肯。猴子說「我就自己澆罷。」桃樹上結了桃子。猴子把桃子採下來。兔兒、野豬、都要

繁与简

個（个） 請（请） 兒（儿） 幫（帮） 種（种） 豬（猪） 說（说） 罷（罢） 長（长） 樹（树） 澆（浇） 結（结） 採（采） 來（来）

吃桃子。猴子說「不做工的沒得吃」

九　果園裏的大紅桃

果園裏的大紅桃，
樹是誰人種，水是誰人澆？
樹也高，牆也高；
種樹的人採着吃，不種樹的牆外瞧。
牆外瞧，沒得吃，
嘴裏的唾沫掛一尺。

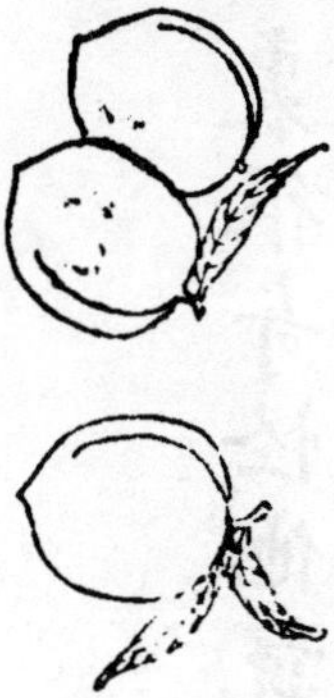

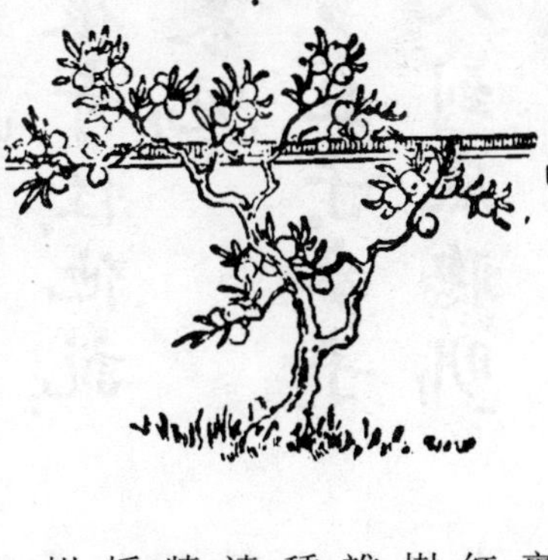

繁与简

園（园）　裏（里）　紅（红）　樹（树）　誰（谁）　種（种）　澆（浇）　牆（墙）　採（采）　掛（挂）

十　人到底聰明

馬看見農夫種豆子，心裏很奇怪，他說：「很好的豆子，為什麼丟在田裏呢？」

鵝看見農夫種麥子，心裏很奇怪，他說：「很好的麥子，為什麼丟在田裏呢？」

後來豆子長起來，結了許多豆子，麥子長起來，結了許多麥子，馬說：「人到底聰明！」鵝也說：「人到底聰明！」

繁与简

聰（聪）　馬（马）　見（见）　農（农）　種（种）　裏（里）　說（说）　為（为）　麼（么）　鵝（鹅）　麥（麦）　後（后）　長（长）　來（来）　結（结）　許（许）

十一　金蛋

一個老女人,養着一隻奇怪的鵝.這鵝天天生一個金蛋.有一天,老女人想:「這鵝肚裏的金蛋,一定很多.如果把他殺掉了,就可以得到許多金蛋;比每天得一個好得多了」.想着,就把那鵝殺掉了.鵝肚裏的大金蛋剛生完,小金蛋還沒有長出來,反弄得一個金蛋也沒有了.

繁与简

個(个)　養(养)　隻(只)　鵝(鹅)　這(这)　個(个)　裏(里)　殺(杀)　許(许)　剛(刚)　還(还)　長(长)　來(来)

十二 聰明的小麻雀

聰明的小麻雀，
東飛飛，西啄啄，
來到園裏尋快樂。
主人忽然把他捉，
他要逃走逃不脫。
麻雀對著主人說：
「請你放了我，給你珍珠一大盒。」

繁与简

聰（聪）東（东）飛（飞）來（来）園（园）裏（里）尋（寻）樂（乐）對（对）說（说）請（请）給（给）

主人一放手，麻雀就逃走。
主人要珍珠，麻雀笑開口。
「主人呀，謝你放了我，
我在樹上躲。
樹上躲，常唱歌，
天天給你聽，聽了快樂多。
快樂多，多快樂；
勝過珍珠一大盒」。

繁与简

開（开）謝（谢）樹（树）聽（听）勝（胜）過（过）

十三 换

文九幫他的主人做工，得到一塊銀子。文九帶著銀子回家，在路上碰着一個騎馬的。文九心裏愛馬，就把自己的銀子，換了那個人的馬。

文九騎了馬在路上走，碰着一個牽牛的。文九心裏愛牛，就把自己的馬，換了那個人的牛。

繁与简

幫（帮） 塊（块） 銀（银） 帶（带） 個（个） 騎（骑） 馬（马） 裏（里） 牽（牵） 愛（爱）

文九牽了牛在路上走，碰着一個牽羊的，文九心裏愛羊，就把自己的牛，換了那個人的羊。

文九牽了羊在路上走，碰着一個趕鵝的，文九心裏愛鵝，就把自己的羊，換了那個人的鵝。

文九帶了鵝走，到大河邊，那鵝用力一掙，掙脫了文九的手，逃到大河裏去了。

繁与简

趕（赶）
鵝（鹅）
邊（边）

十四 記好

方五買了雞蛋，把雞蛋放在衣袋裏，方五回到家裏，雞蛋軋破了。母親說：「你記好，雞蛋要放在籃裏的。」方五捉了小貓，把小貓放在籃裏，方五在路上走，小貓跳出去，逃走了。母親

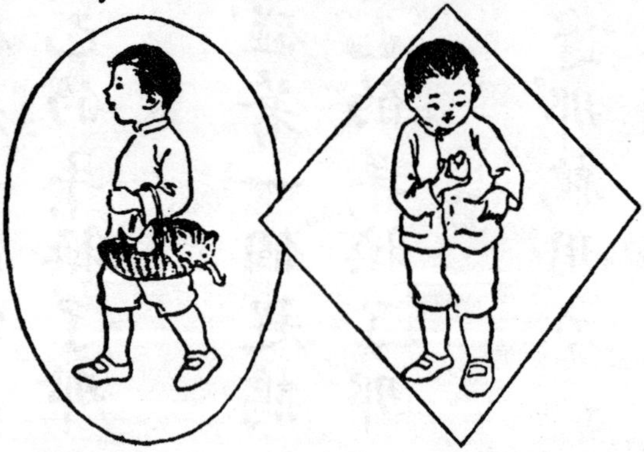

繁与简

記（记） 買（买） 雞（鸡） 裏（里） 軋（轧） 親（亲） 説（说） 籃（篮） 貓（猫）

說：「你記好，小貓要用繩子拴了牽的。」方五買了蜜糕，用繩子拴了牽著走，方五回到家裏，蜜糕都弄骯髒了。母親說：「我不教你了；以後有了東西，怎樣拿法，請你自己想罷。」

繁与简

繩（绳）　牽（牵）　骯（肮）　髒（脏）　後（后）　東（东）　樣（样）　請（请）　罷（罢）

十五　時辰鐘

「你看這滴滴滴的是什麼？」「是時辰鐘。」

「鐘上的字都認識嗎？」「都認識的。」

「他的長針、短針、那一個走得快呢？」「長針走得快。」

「現在是幾點鐘？」「快要到九點鐘了。」

「怎麼知道呢？」「你看短針指在九字上，長針快要走到正中了。」

繁与简

時（时）　鐘（钟）　這（这）　麼（么）　認（认）　識（识）　嗎（吗）　長（长）　針（针）　個（个）　現（现）　幾（几）　點（点）

「是呀，九點鐘到了，我們去睡罷。」

十六　耳朵也睡着嗎？

小孩子說：「母親，昨天夜裏，我在牀上和你說話，你為什麼不理我？」母親說：「想來我睡着了，所以沒有聽見。」小孩子說：「你的眼睛閉着，自然睡着了；耳朵沒有閉，難道也睡着嗎？」

繁与简

們（们）　罷（罢）　嗎（吗）　説（说）　親（亲）　裏（里）　牀（床）　説（说）　話（话）　為（为）　麽（么）　來（来）　聽（听）　見（见）　閉（闭）　難（难）

十七　戴眼鏡

趙元問祖母：「為什麼要戴眼鏡？」祖母說：「因為眼睛壞了，所以要戴。」趙元說：「許多瞎子，他們眼睛更壞，為什麼不戴眼鏡呢？」

趙元又問父親：「為什麼要戴黑眼鏡？」父親說：「因為要遮太陽光，所以要戴。」趙元說：「驢子在屋裏推磨子，也怕太陽光嗎？他怎麼也戴黑眼鏡呢？」

繁与简

鏡（镜） 趙（赵） 問（问） 為（为） 麼（么） 說（说） 壞（坏） 許（许） 們（们） 親（亲） 陽（阳） 驢（驴） 裏（里） 嗎（吗）

二十 風是那裏来的？

愛羣故意問：「風是那裏来的？」

趙元搶著説：「是從樹上吹出来的。」

愛羣説：「樹怎麼會起風呢？」

趙元不能回答。

愛羣笑著説：「你不知道嗎？太陽先生拿了大扇子，在那裏把風搧哪！」

繁与简

風（风） 裏（里） 來（来） 愛（爱） 羣（群） 問（问） 搶（抢） 説（说） 從（从） 樹（树） 麽（么） 會（会） 嗎（吗） 陽（阳） 裏（里） 搧（扇）

二十一　風呀(一)

風呀、風呀，
你把風箏吹到空中，
你把鳥兒送到天上。
我看不見你的身體，
只聽見你呼呼響。
風呀、風呀，
你不停的吹，你不停的唱。

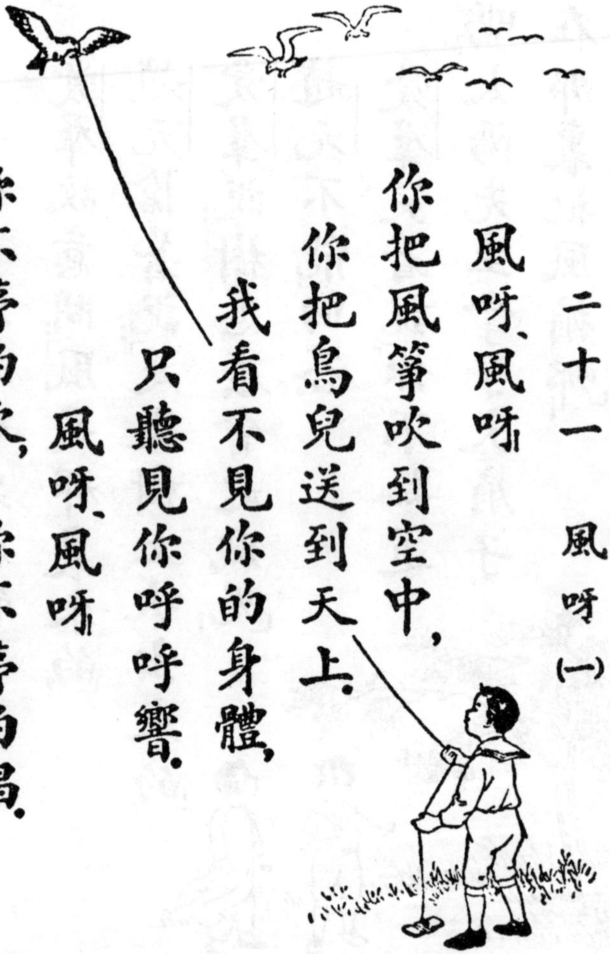

繁与简

風（风）
鳥（鸟）
兒（儿）
見（见）
體（体）
聽（听）
響（响）

二十二　風呀（二）

風呀、風呀！
你在河裏送那帆船，
你把海水吹成波浪。
我想不到你一翻身，
倒有這樣大力量。
風呀、風呀！
你不住的吹，你不住的唱。

繁与简

風（风）
裏（里）
這（这）
樣（样）

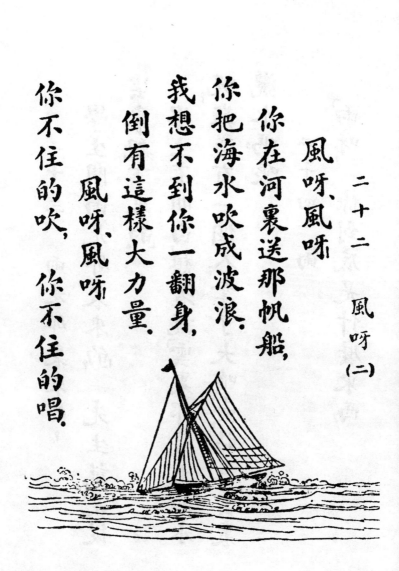

二十三　雨是那裏來的？

學生問：「雨是那裏來的？」先生說：「是從雲裏飄下來的。」

學生不明白，想著說：「雲裏那裏來的水呢？難道有一個人，拿了大噴壺，站在雲裏灑水嗎？咦！」

二十四　雨

「雨呀，你到底是什麼東西？

繁与简

裏（里）　來（来）　學（学）　問（问）　說（说）　從（从）　雲（云）　飄（飘）　難（难）　個（个）　噴（喷）　壺（壶）　灑（洒）　嗎（吗）　麼（么）　東（东）

說你是水，
你爬上天去，用的什麼梯？
說你不是水，
你落下地來，怎麼和水不分離？
「我是雨，就是水。
我上天不用梯，化做雲氣輕輕飛。
一朝遇著冷風吹，趕快打成堆；
空中站不住，翻身直向地上回。」

繁与简
說（说）來（来）離（离）雲（云）氣（气）輕（轻）飛（飞）風（风）趕（赶）

二十五　烏鴉洗澡

烏鴉飛到河岸上，看見河裏有一隻白鵝．他想：「白鵝在河裏洗澡，羽毛洗得雪白，我也去洗洗澡罷．」烏鴉飛到水邊去洗澡，要想把黑羽毛洗成白羽毛．一天、兩天，……天天去洗，但是烏鴉的羽毛，一點也不變白．

二十六　打破水缸

繁与简

烏（乌）
鴉（鸦）
飛（飞）
見（见）
裏（里）
隻（只）
鵝（鹅）
罷（罢）
邊（边）
兩（两）
點（点）
變（变）

許多孩子在院子裏頑：一個孩子爬在水缸上，脚一滑，跌到水缸裏去了。大家嚷著説：「啊喲！不好了，有人跌到水裏去了。」有一個名叫司馬光的，一聲也不嚷，趕快搬了一塊小石頭，用力向缸邊亂碰。一會兒，缸破了，水流出來，缸裏的孩子没有淹死。

繁与简

許（许）　裏（里）　頑（顽）　個（个）　説（说）　喲（哟）　馬（马）　聲（声）　趕（赶）　塊（块）　頭（头）　邊（边）　亂（乱）　會（会）　兒（儿）

二十七　司馬光剝胡桃

司馬光拿了一個胡桃，請姐姐剝。姐姐剝了多時，剝不開。姐姐走開了，有一個女用人給他把胡桃放在湯裏，再撈起來剝，就把胡桃皮剝開了。後來，姐姐走來，問是誰剝的？司馬光說：「是我自己。」父親在旁邊，對他說：「小孩子怎麼說起謊來！」司馬光羞得

繁与简

馬（马）　對（对）　剝（剥）　麽（么）　個（个）　謊（谎）　請（请）　時（时）　開（开）　給（给）　湯（汤）　裏（里）　撈（捞）　後（后）　來（来）　問（问）　誰（谁）　説（说）　親（亲）　邊（边）

臉都紅了；從此，就不説謊話。

二十八 替姐姐吃藥

姐姐生病。母親替他請醫生來看。醫生去了，母親把醫生配好的藥，給姐姐吃。姐姐不肯吃。母親惱起來了。弟弟在旁邊説：「母親不要惱，姐姐不肯吃，我來替他吃罷。

繁与简

臉（脸） 紅（红） 從（从） 藥（药） 親（亲） 請（请） 醫（医） 來（来） 給（给） 惱（恼） 邊（边） 説（说） 罷（罢）

二十九　肚子痛

「你昨天為什麼不來讀書呢？」「因為害了病，所以不能來。」「你害的什麼病？」「肚子痛。」「肚子怎會痛的呢？」「大約因為連吃了三個雞蛋的緣故。」「後來怎麼樣？」「母親替我請醫生看。」「醫生怎麼說？」「他說的確是吃壞的；就配了藥，給我吃。」

繁与简

為（为）麼（么）來（来）讀（读）書（书）會（会）約（约）連（连）個（个）雞（鸡）緣（缘）後（后）樣（样）親（亲）請（请）醫（医）說（说）確（确）壞（坏）藥（药）給（给）

「吃了藥怎麼樣」?「肚子就不痛了」.

三十 母雞孵蛋

老母雞找到幾個鴨蛋,當他是雞蛋.老母雞孵蛋,孵出小鴨來.老母雞說:「咦!你的嘴怎會扁的?你的脚趾窩裏,怎會生皮的」?

老母雞帶了小鴨,到河邊去頑.小鴨走到水裏去,老母雞大喊說:「啊喲!不好了,我的孩子要淹死了」.

繁与简

雞（鸡）幾（几）個（个）鴨（鸭）當（当）來（来）説（说）會（会）窩（窝）裏（里）帶（带）邊（边）頑（顽）喲（哟）

三十一 蛋和石子

蛋從山上滾下来，許多石子，站在路旁。

蛋喊他們說：「請你們讓開點，我要下山哩。」

石子不理他。蛋說：「你們不讓我嗎？我要撞你們了。」石子仍舊不理他。蛋惱了，用力撞過去，拍搨一響，打成了爛泥醬。

繁与简

從（从） 滾（滚） 來（来） 許（许） 們（们） 說（说） 請（请） 讓（让） 開（开） 點（点） 嗎（吗） 舊（旧） 惱（恼） 過（过） 搨（拓） 響（响） 爛（烂） 醬（酱）

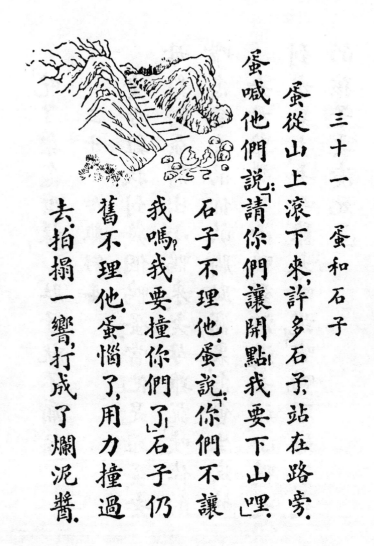

三十二 分成兩段

方五拿著玩偶，在那裏玩，方四看見了，對方五說：「請你給我頑頑。」方五不肯。

方四惱了，就上去搶，一把搶住玩偶的下半段，用力奪；方五抱住玩偶的上半段，不肯放。一會兒，就把玩偶分成兩段。方四、方五、也都跌倒在地上了。

方五抱著玩偶的上半段，方四拿了玩偶的下半段，都坐在地上哭。

繁与简

兩（两）裏（里）見（见）對（对）說（说）請（请）給（给）頑（顽）惱（恼）搶（抢）奪（夺）會（会）兒（儿）

三十三　黑羊和白羊

黑羊和白羊，是很要好的朋友。有一回，黑羊從東邊來，要走過一座極狹的木橋；白羊從西邊來，也要走過這座木橋。走到橋心裏，大家碰住了。黑羊說：「怎麼好呢？」白羊說：「我退下去，讓你先走罷。」白羊退下去，讓黑羊先走。黑羊走過來了，白羊也走過去。

繁与简

從（从）　東（东）　邊（边）　來（来）　過（过）　極（极）　狹（狭）　橋（桥）　這（这）　裏（里）　説（说）　麽（么）　讓（让）　罷（罢）

三十四　草兒

隨風飄，隨風搖。
我是草兒，我姓草。
姐姐不要踏破我的頭；
妹妹不要踢斷我的腰；
哥哥不要把我拔；弟弟不要把我挑。
長得長，長得好，
給那牛兒、羊兒吃一飽。

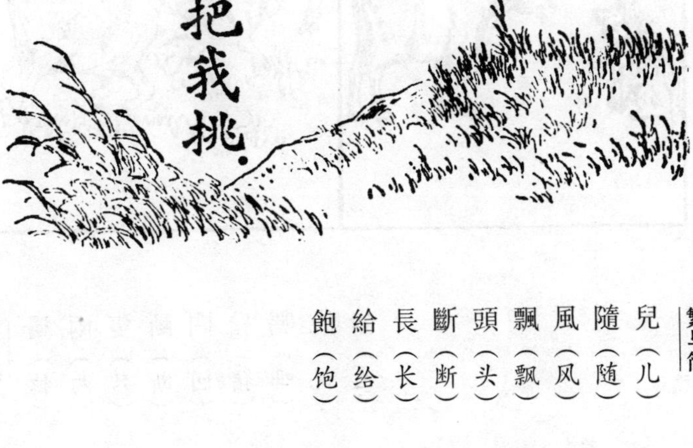

繁与简

兒（儿）　隨（随）　風（风）　飄（飘）　頭（头）　斷（断）　長（长）　給（给）　飽（饱）

三十五　獨角牛

兩隻老牛，在草地上打架。一隻老牛，打斷一隻角。

明天，老牛出去找角。

老牛問野豬，「你拾得我的角嗎？」野豬說：「我有尖牙齒，不要你的角。」

繁与简

獨（独）　兩（两）　隻（只）　斷（断）　問（问）　豬（猪）　嗎（吗）　説（说）　齒（齿）

老牛問猴子，「你拾得我的角嗎？」猴子說：「我有長脚爪，不要你的角。」

老牛問象，「你拾得我的角嗎？」象說：「我有長鼻子，不要你的角。」

老牛找不到角，只好做獨角牛了。

繁与简

長（长）

三十六 蛇吞象

一條小蛇，肚子很餓，他躲在青草裏等東西吃。但是一個小蟲也不跳來。過了一回，一隻大象走來了。小蛇很歡喜，暗暗嚷着說：「這樣大的東西，夠我吃一飽了。」小蛇擡着頭，等大象走來，要把他一口吞下。不料大象走過來，一脚踏在蛇身上。蛇被大象踏死了，大象還沒有知道。

繁与简

條（条） 餓（饿） 裏（里） 東（东） 個（个） 蟲（虫） 來（来） 過（过） 隻（只） 歡（欢） 説（说） 這（这） 樣（样） 飽（饱） 擡（抬） 頭（头） 還（还）

三十七　狼跳下井去

羊在井旁邊吃樹葉，聽見狼叫，就閃到樹背後去。狼看見羊的影子一閃，只當羊躲在井裏了，連忙跳下井去。狼在井裏，跳不出來。羊走過去望他。對他說：「狼先生，井水的滋味好嗎？」狼說：「羊先生，請你快來救我！」羊說：「我不能下井，再會罷，」羊去了；獵人走來，把狼捉住。

繁与简

邊（边）　獵（猎）
樹（树）　來（来）
葉（叶）
聽（听）
見（见）
閃（闪）
後（后）
當（当）
裏（里）
連（连）
過（过）
對（对）
説（说）
嗎（吗）
請（请）
會（会）
罷（罢）

三十八 四種動物

老水牛，實在大。兩隻角兒倒生，鼻子拖到地下。（象）

黃貍貓，真不小。捉住人、馬、牛、羊，都當老鼠亂咬。（虎）

一身毛，四隻手。站在地上像人，伏在地上像狗。（猴）

不是狐，不是狗。

繁与简

種（种） 動（动） 實（实） 兩（两） 隻（只） 兒（儿） 貍（狸） 貓（猫） 馬（马） 當（当） 亂（乱）

前面架著鍘刀，後面拖把掃帚。（狼）

三十九　老鼠變老鼠

老鼠怕貓，要想變成貓；仙人可憐他，就幫他變成貓。貓怕狗，要想變成狗；仙人可憐他，就幫他變成狗。狗怕獅子，要想變成獅子；仙人可憐他，就幫他變成獅子。獅子怕獵人，要想變成獵人。仙人說：「人是很勇敢的；你這樣膽小，仍舊變做老鼠罷！」

繁与简

鍘（铡）　後（后）　掃（扫）　變（变）　貓（猫）　憐（怜）　幫（帮）　獅（狮）　獵（猎）　說（说）　這（这）　樣（样）　膽（胆）　舊（旧）　罷（罢）

四十 老鼠的尾巴（一）

黑老鼠爬在油瓶上，想把油瓶扳倒，吃那油瓶裏的油。但是油瓶站得很牢，黑老鼠扳他不動。灰色老鼠叫他抱住瓶口，自己拉着黑老鼠的尾巴，用力拖。油瓶果然倒下來，兩隻老鼠都有油吃。

繁与简

裏（里）
動（动）
來（来）
兩（两）
隻（只）

四十一　老鼠的尾巴（二）

雞棚裏有一個雞蛋．灰色老鼠想把他搬到洞裏去．但是雞蛋很重，搬不動．黑老鼠叫他翻轉了身體，把四隻脚朝上，抱住雞蛋；自己拉着灰色老鼠的尾巴用力拖，好像工人拖榻車的．後來雞蛋果然被他們拖到洞裏去；兩隻老鼠合吃雞蛋．

繁与简

雞（鸡）　裏（里）　個（个）　動（动）　轉（转）　體（体）　隻（只）　車（车）　後（后）　來（来）　們（们）　兩（两）

四十二　拔大蘿蔔

猴子在菜園裏頑，看見一個大蘿蔔，生在泥土裏、猴子獨自拔大蘿蔔，拔不動；老羊去幫他拔、猴子老羊同拔大蘿蔔，拔不動；老狗去幫他拔、老狗拖住老羊的尾巴；老羊拖住猴子的尾巴；猴子抱住大蘿蔔：大家用力去拔、哼的一聲，大蘿蔔被他們拔起來了、

繁与简

蘿（萝）蔔（卜）園（园）裏（里）頑（顽）見（见）個（个）獨（独）動（动）幫（帮）聲（声）們（们）來（来）

四十三　小松樹

小松樹，生了金葉子，走過樹下的人都來摘。

小松樹，生了玻璃葉子；大風吹來，葉子都碰斷。

小松樹說：「金葉子要被人採摘，玻璃葉子要被風吹斷，不如仍舊生針葉罷。」

繁与简

樹（树）　葉（叶）　過（过）　來（来）　風（风）　斷（断）　採（采）　舊（旧）　罷（罢）

四十四　昨天去

「昨天去，今天來．
今天去，明天來．
一天、一天容易過，
我種的花兒開不開」？
「花不開，不要忙；等到那時自然香．
哥哥的身體壓不短，
弟弟的身體拉不長」．

繁与简

來（来）過（过）種（种）兒（儿）開（开）時（时）體（体）壓（压）長（长）

四十五　葡萄和籬笆

葡萄園，四面圍著籬笆。王大說：「葡萄是很好的，可以留著；籬笆有甚麼用呢？」王大把籬笆拆下來，當柴燒。籬笆拆完了，過路的人都來採葡萄吃；牛、馬、羊，都來吃葡萄藤。王大說：「啊喲！沒有籬笆，葡萄也沒有了。」

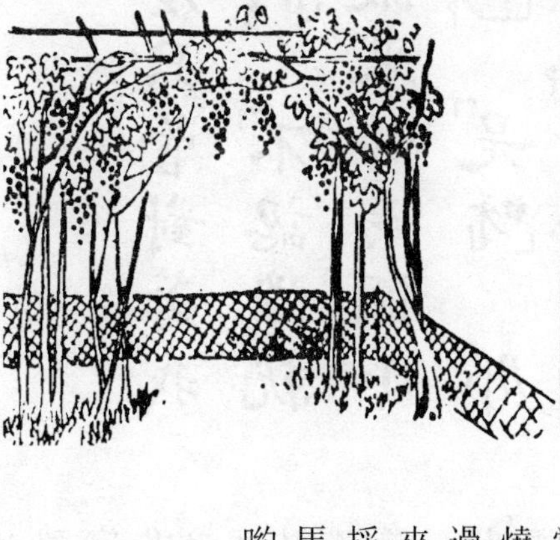

繁与简

籬（篱）　園（园）　圍（围）　説（说）　麼（么）　當（当）　燒（烧）　過（过）　來（来）　採（采）　馬（马）　喲（哟）

四十六 不認識

「姐姐、姐姐！那隻狗，為甚麼只管對著我們叫？」「因為他不認識我們。」「不認識就要叫嗎？」「是呀。」「鄰近新搬來的兩個小孩子，不是也不認識我們嗎？」「是呀！」「那麼他們為甚麼一聲也不響呢？」「哈哈！人怎麼比起禽獸來，」「就拿禽獸來比，雞、貓、麻雀、他們也常常叫，難道也因為不認識

繁与简

認（认） 識（识） 隻（只） 為（为） 麼（么） 對（对） 們（们） 嗎（吗） 鄰（邻） 來（来） 兩（两） 個（个） 聲（声） 響（响） 獸（兽） 雞（鸡） 貓（猫） 難（难）

我們嗎？」

四十七　妙妙妙

我家有隻老貍貓，生來舌頭不靈巧；不會說話不會笑，只會叫道「妙妙妙。」有一回兒真可笑，這隻貍貓跳上竈，看見竈上有碗魚，他就叫聲「妙妙妙。」正要開口銜那魚，被我姐姐看見了；姐姐拿棒喊「打貓，」老貓也叫「妙妙妙。」

繁与简

隻（只）貍（狸）貓（猫）頭（头）靈（灵）會（会）説（说）話（话）兒（儿）這（这）竈（灶）魚（鱼）聲（声）開（开）銜（衔）見（见）

四十八　為了一塊肉

狗、貓、和老鼠，本來是很要好的朋友。有一回，狗找到一塊肉，寄在貓的家裏。貓貪吃那肉，就瞞著狗，把那肉吃剩一半；寄在老鼠的家裏。老鼠也貪吃那肉，瞞著貓，把那肉吃完了。狗查問那肉；貓說：「寄在老鼠家裏了。」老鼠又說：「我不知道。」因此，大家爭起來；狗要咬貓，貓要捉老鼠。

繁与简

為（为）
塊（块）
貓（猫）
裏（里）
貪（贪）
瞞（瞒）
問（问）
説（说）

四十九　樹林裏一壺酒

樹林裏，一壺酒；貓頭鷹，請朋友．
乖的麻雀日裏來，貓頭鷹，眼不開．
獃的麻雀夜裏來，貓頭鷹，把酒篩．
把酒篩，勸乖乖；
乖乖喝杯酒，喝得頭倒栽．
頭倒栽，遭了災；
老麻雀在家裏哭哀哀．

繁与简

樹（树）裏（里）壺（壶）貓（猫）頭（头）鷹（鹰）請（请）來（来）開（开）獃（呆）篩（筛）勸（劝）頭（头）災（灾）

第四册

一　靜聽

哥哥講故事，妹妹靜悄悄。

一面側著耳朵聽，

一面睜著眼睛瞧。

這時候，木馬不跑，

土雞不叫，玩偶不鬧。

他們為甚麼不跑、不叫、也不鬧？

原來是大家聽呆了。

繁与简

靜（静）聽（听）講（讲）側（侧）這（这）時（时）馬（马）雞（鸡）鬧（闹）們（们）為（为）麼（么）來（来）

二 這是甚麼動物？

姚文俊叫姚文達閉着眼睛給他一個動物，問他是甚麼？姚文達摸了一回，就說：「這是兔兒。」姚文俊說：「你怎麼知道是兔兒？」姚文達說：「怎麼不知道？他的耳朵很長；尾巴很短；而且他的前腳比後腳短：決不是別的動物。」姚文達嘴裏說着，睜開眼睛一看，果然是兔兒。

繁与简

這（这） 甚（什） 麼（么） 動（动） 達（达） 閉（闭） 給（给） 個（个） 問（问） 說（说） 這（这） 兒（儿） 長（长） 後（后） 決（决） 裏（里） 開（开）

三　狐狼和烏龜

狐狸和狼，找到一個大烏龜。狐狸說：「烏龜的肉很好吃；但是他身上有硬殼包着，怎樣吃得着他的肉呢？」狼說：「我們用尖刀來挖他。」烏龜心裏很着急，但是臉上一點不變色，反而哈哈大笑說：「尖刀嗎？我不怕！我不怕！」

狐狸說：「我們用大石塊來打碎他的殼罷。」烏龜心裏更加着急，但是臉上仍舊一點不變色，又哈哈大笑說：「大石塊嗎？更不怕！更不怕！」

繁与简

烏（乌）　龜（龟）　個（个）　説（说）　殼（壳）　樣（样）　們（们）　來（来）　裏（里）　臉（脸）　點（点）　變（变）　嗎（吗）　塊（块）　罷（罢）　舊（旧）

四　烏龜住在河邊

狐狸和狼，沒有法子吃烏龜的肉，心裏很惱。狐狸說：「我們不要吃他的肉了，索性把他拋在河裏罷。」烏龜假裝怕的樣子，哭著，求他們道：「要不得，要不得！請你們饒了我，不要淹死我。」狼說：「老東西！你也怕到河裏去嗎？」

狐狸和狼，把大烏龜拖到河邊，撲通一聲，拋了下去。烏龜浮在水面上，哈哈大笑道：「我到了家鄉了。謝謝你們！」

繁与简

烏（乌）　鄉（乡）
龜（龟）　謝（谢）
邊（边）
裏（里）
惱（恼）
說（说）
們（们）
罷（罢）
裝（装）
樣（样）
請（请）
饒（饶）
東（东）
嗎（吗）
邊（边）
撲（扑）
聲（声）

五　這是我的快樂國

窗明几淨陽光多，寫字讀書還唱歌；
同起、同坐，同息、同做，
有許多姐姐、妹妹、弟弟、哥哥。
哦！這是我的快樂國。

綠楊樹下青草場，四季花開紅白黃；
快樂、活潑，來來、往往，
看許多金魚、黃鳥、白兔、黑羊。
哦！這是我的快樂鄉。

繁与简

這（这）　樂（乐）　國（国）　淨（净）　陽（阳）　寫（写）　讀（读）　書（书）　還（还）　許（许）　綠（绿）　楊（杨）　樹（树）　場（场）　開（开）　紅（红）　潑（泼）　來（来）　魚（鱼）　鳥（鸟）　鄉（乡）

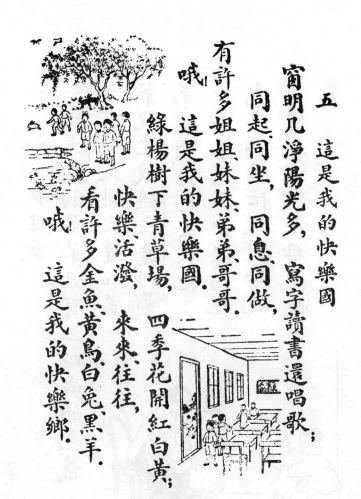

六　捉迷藏

姚文達的弟弟，只有三四歲的光景。有一天，姚文達和弟弟捉迷藏。姚文達叫弟弟躲開，自己去捉他。

弟弟想不出躲的地方，急急忙忙跑到母親身邊，把頭倒在母親懷裏。

繁与简

達（达）歲（岁）開（开）親（亲）邊（边）頭（头）懷（怀）裏（里）

姚文達找來，喊着說：「弟弟躲好嗎？」弟弟回說：「躲好了，你來尋罷。」姚文達走來，把手在弟弟的頭頸裏一搔；弟弟跳起來說：「被你捉住了！被你捉住了！」姚文達哈哈大笑，母親也笑，弟弟也笑。

繁与简

來（来）
説（说）
嗎（吗）
尋（寻）
罷（罢）
頸（颈）

七 狐狸捉公雞

公雞在院子裏頑。一隻狐狸走來，公雞急忙想逃。狐狸說：「不要慌！我是你的朋友，不害你的。」公雞站定了。狐狸說：「我想起來了：你的父親不是最會唱歌嗎？他唱歌的時候，張開了翅膀，伸長了頭頸，閉起了眼睛：樣子也好，聲音也好，可惜現在沒有這種會唱的公雞了！」

公雞心裏不服。就張開了翅膀，伸長了頭頸，閉起了眼睛，唱起歌來；顯出他的唱法，和父親

繁与简

雞（鸡） 裏（里） 顽（顽） 隻（只） 來（来） 说（说） 親（亲） 會（会） 嗎（吗） 時（时） 張（张） 開（开） 長（长） 頭（头） 頸（颈） 閉（闭） 樣（样）

聲（声） 現（现） 這（这） 種（种） 顯（显） 親（亲）

一樣好，狐狸就跳過去，把公雞捉住。

八　公雞逃走

狐狸銜了公雞，走到林子裏。公雞說：「狐先生！倘若我是你，就在這裏停下了。這不是很好的地方，可以安安穩穩吃東西的嗎？」

狐狸說：「對呀！我就照你說的做罷！」

公雞趁狐狸開口說話，就用力一掙，掙脫了狐狸的嘴，飛到樹上去。公雞說：「險呀！老狐，你真刁滑極了！」狐狸說：「算了罷！老雞，你也很有計策。」

繁与简

過（过）雞（鸡）銜（衔）裏（里）說（说）這（这）穩（稳）東（东）嗎（吗）罷（罢）對（对）開（开）話（话）飛（飞）樹（树）險（险）極（极）計（计）

九　落在樹洞裏的毬

文彥博小的時候，和幾個小朋友在樹底下拍毬．樹根上有一個洞，是很深的．他們拍得上勁的時候，那毬忽然滾到洞裏去了；大家你望著我，我望著你，都沒有法子拿出來．

文彥博想了一想，走到水缸邊，舀了一盆水，拿來灌在洞裏．一會兒，水滿，那毬就浮起來了．

繁与简

樹（树）　裏（里）　毬（球）　時（时）　幾（几）　個（个）　們（们）　勁（劲）　滾（滚）　來（来）　邊（边）　會（会）　兒（儿）　滿（满）

他們拿到了毬，都很歡喜。

十　奇怪的爹爹

一個木匠的兒子，對母親説：「我看世界上最奇怪的人，要算我的爹爹了。」他的母親説：「怎麼呢？」兒子説：「他天天替人家造屋子，高樓大屋，不知造了多少。自己的屋子，却是很矮的、很小的；為什麼不造一所高樓大屋給自己住呢？」

繁与简

歡（欢）　個（个）　兒（儿）　對（对）　親（亲）　説（说）　麼（么）　樓（楼）　為（为）　給（给）

十一 告狀

（甲）先生、先生！我要告個狀。

（乙）你告什麼狀？

（甲）我告老鼠偷了我的糖。

（乙）老鼠呢？

（甲）老鼠、花貓拖去了。

（乙）花貓呢？

（甲）花貓、溜上大樹了。

（乙）大樹呢？

（甲）大樹、木匠鋸倒了。

（乙）木匠呢？

（甲）木匠、老虎銜去了。

（乙）老虎呢？

（甲）老虎、逃進山洞了。

（乙）山洞呢？

（甲）山洞、潮水淹没了。

繁与简

狀（状） 個（个） 麼（么） 貓（猫） 樹（树） 鋸（锯） 銜（衔） 進（进）

（乙）潮水呢？（甲）潮水、太陽晒乾了。

（乙）太陽呢？（甲）太陽、烏雲遮住了。

（乙）烏雲呢？（甲）烏雲、被風吹散了。

（乙）風呢？（甲）風息了。

十二 牆上掛面鼓

牆上掛面鼓，鼓上畫老虎。
老虎抓破了鼓，買塊布来補。
不知道是布補鼓？
還是布補虎？

繁与简

陽（阳） 乾（干） 烏（乌） 雲（云） 風（风） 牆（墙） 掛（挂） 畫（画） 買（买） 塊（块） 來（来） 補（补） 還（还）

十三　賣布

兩個賣布人，擡了一個竹籮，竹籮上放著許多布，走進小巷裏來，嘴裏唱著道：

「布呀布呀真正好：紅柳條，紫柳條，青的、白的多多少；花樣最新巧；價錢也公道。要買要趁早，等一會兒沒有了。」唱了幾遍，就有許多女人開門出來，買他的布。

十四　布的原料

「布的原料是什麼？」「是棉花。」

繁与简

賣（卖）幾（几）兩（两）開（开）擡（抬）門（门）個（个）麼（么）籮（箩）許（许）進（进）裏（里）來（来）紅（红）條（条）樣（样）價（价）錢（钱）買（买）會（会）兒（儿）

「棉花怎麼可以做布呢？」

「把棉花軋掉棉子，紡成棉紗，就可以織布了。」

「布都是棉紗織成的嗎？」

「不，只有棉布是棉紗織成的。」

「什麼布不是棉紗織成的？」

「麻布（夏布）是麻織成的；葛布是葛織成的；絨布是羊毛織成的。麻布、葛布、絨布的原料，都不是棉花。」

繁与简

軋（轧） 紡（纺） 紗（纱） 織（织） 嗎（吗） 絨（绒）

十五　夏天那裏來的菊花？

荷生跟了姐姐，到舅舅家裏去，看見他們的花瓶裏，插著幾枝菊花。這時候正是夏天。

荷生很奇怪，不便高聲，悄悄的問姐姐説：「菊花是十月、十一月開的，怎麼現在就有呢？」姐姐嗤的一笑。

荷生説：「難道不是菊花嗎？」姐姐説：「你再看看，是真的，還是假的？」荷生仔細一看，才知道瓶裏的菊花是紙做的，不是真的。

繁与简

裏（里）　來（来）　見（见）　們（们）　幾（几）　這（这）　時（时）　聲（声）　問（问）　説（说）　開（开）　麼（么）　現（现）　難（难）　嗎（吗）　還（还）　細（细）　紙（纸）

十六　猜謎兒

母親說一個謎兒叫孩子們猜。他說：

「有風身不動，一動就生風。

人家拋棄我，要等起秋風。」

弟弟說：「是樹葉子。」母親說：「怎麼呢？」弟弟說：「樹葉子不是一動就生風，並且起了秋風，就要落掉的嗎？」母親說：「樹葉子不會有風身不動；而且是自然落掉，並不是人家拋棄他的。」哥哥也想了好久，想不出是什麼。母親說：「是扇子。」

繁与简

謎（谜）　兒（儿）　親（亲）　說（说）　個（个）　們（们）　風（风）　動（动）　棄（弃）　樹（树）　葉（叶）　麼（么）　並（并）　嗎（吗）　會（会）

十七 哥哥的謎兒

哥哥對妹妹說：「我有一件東西，真正稀奇。能够向上飛起，却不是飛行機。又像電風扇，但是氣力小，搧起風來一絲絲。——請你猜猜看，這是什麼東西？」

妹妹想了半天，笑著說：「不是竹蜻蜓嗎？」哥哥說：「不錯。」

繁与简

謎（谜） 兒（儿） 對（对） 説（说） 東（东） 飛（飞） 機（机） 電（电） 風（风） 氣（气） 來（来） 絲（丝） 請（请） 這（这） 麼（么） 嗎（吗） 錯（错）

十八 蝴蝶

東一堆，西一堆，花園裏面花垂垂；
兩個蝴蝶兒，同在花裏飛。
一個來，一個追；飛過去，又飛回。
你們幹的什麽事？
忙忙碌碌還是要找誰？
輕輕一陣風來吹，直向半天飛。
快樂呀！雙雙對對；
可惜我没有翅膀，不能和你一起飛！

繁与简

東（东） 樂（乐） 園（园） 雙（双） 裏（里） 對（对） 兩（两） 個（个） 兒（儿） 飛（飞） 來（来） 過（过） 們（们） 幹（干） 麽（么） 還（还） 誰（谁） 輕（轻） 陣（阵） 風（风）

二十 鵓鴣

東邊顧顧，西邊顧顧，風不住，雨不住。
「鵓鴣鴣苦」 鵓鴣鴣苦」
風也停停，雨也停停，
鵓鴣鴣，喜天晴。
「掛掛紅燈」 掛掛紅燈」

二十一 餓貓（一）

餓貓咪嗚咪嗚叫，要想吃東西。
老鼠在洞裏聽見了，知道他是沒用的笨貓，

繁与简

鵓（鹁） 鴣（鸪） 東（东） 邊（边） 顧（顾） 風（风） 掛（挂） 紅（红） 燈（灯） 餓（饿） 貓（猫） 嗚（呜） 裏（里） 聽（听） 見（见）

就走出洞來和、貓頑.

餓貓咪嗚咪嗚叫.老鼠喊他說:「貓兄!你為什麼哭?」餓貓走近幾步說:「唉!小朋友,我沒有魚吃.

老鼠說:「你為什麼、不拿錢去買?」餓貓又走近幾步說:「唉!小朋友,我沒有錢.」

老鼠說:「你為什麼不去做工呢?」餓貓再走近幾步說:「我現在要做工了.」

老鼠說:「你做什麼工?」餓貓跳過去說:「我捉老鼠.」老鼠說聲「再會,」逃到洞裏去了.

繁与简

來(来) 頑(顽) 說(说) 為(为) 麼(么) 幾(几) 魚(鱼) 錢(钱) 買(买) 現(现) 過(过) 聲(声) 會(会) 裏(里)

二十二 餓貓（二）

餓貓捉不著老鼠，又在洞外咪嗚咪嗚叫。老鼠再出來和他頑。

老鼠說：「貓兄！現在你不是有錢了嗎？怎麼還要哭呢？」餓貓走近幾步說：「是呀！現在我已經有錢了。」

老鼠說：「你既然有錢，怎麼不去買魚吃呢？」餓貓又走近幾步說：「唉！我剛才到市上去買過。」

老鼠說：「你既然買過魚，那就吃飽了；怎麼還

繁与简

餓（饿） 貓（猫） 嗚（呜） 來（来） 頑（顽） 説（说） 現（现） 錢（钱） 嗎（吗） 麼（么） 還（还） 幾（几） 經（经） 買（买） 魚（鱼） 剛（刚） 過（过） 飽（饱）

要哭呢?」餓貓再走近幾步說:「唉!魚沒有買著呀!」老鼠說:「沒有魚,你吃什麼呢?」餓貓跳過去說:「我吃老鼠.」老鼠說聲「再會,」又逃到洞裏去了.

二十三　弟弟要什麼?

小弟弟,嘻嘻嘻,伸著兩隻手,向我要東西.你究竟要什麼?不會說話,只會笑,叫我怎樣明白呢?

難道你要我的書嗎?你要我的筆墨嗎?

好的好的!等你長大了,我都送給你.

繁与简

聲（声）會（会）麼（么）兩（两）隻（只）東（东）說（说）話（话）樣（样）難（难）書（书）嗎（吗）筆（笔）長（长）給（给）

二十四　我願做個好小孩

我願做個好小孩，身體潔淨，性情爽快；
無論走到那裏，使得人人愛。
我願做個好小孩，舉動文雅，說話和藹；
無論走到那裏，使得人人愛。
我願做個好小孩，讀書認真，做事不懶；
無論走到那裏，使得人人愛。
我願做個好小孩，誠實勇敢，有過能改；
無論走到那裏，使得人人愛。

繁与简

願（愿）　誠（诚）
個（个）　實（实）
體（体）　過（过）
潔（洁）
無（无）
論（论）
裏（里）
愛（爱）
舉（举）
動（动）
說（说）
話（话）
藹（蔼）
讀（读）
書（书）
認（认）
懶（懒）

二十五　笑

哈哈哈哈！爹爹不認識媽媽.
呵呵呵呵！拉了弟弟叫哥哥.
嘻嘻嘻嘻！捉住黃狗當馬騎.
嚇嚇嚇嚇！關了大門捉跳蚤.
自己捉不着，去請張老伯.
張老伯放把火，燒掉樓房三百所，
跳蚤還在襪裏躲.

繁与简

認（认）識（识）媽（妈）當（当）馬（马）騎（骑）嚇（吓）關（关）門（门）蚤（虱）請（请）張（张）燒（烧）樓（楼）還（还）襪（袜）裏（里）

二十六　飛來飛去

飛來了！飛來了！春天日日天氣晴，
春園處處花開好，小燕子，飛來了。
飛去了！飛去了！秋天天冷風雨多，
吃的東西漸漸少，小燕子，飛去了。

二十七　小燕子找同伴

小燕子要找一位同伴，和他住在一起。
小燕子飛到荒野裏，碰著一隻黃鼠狼。黃鼠狼說：「小燕子，來，來！我和你同住。我天天把雞肉

繁与简

飛（飞）　來（来）　氣（气）　園（园）　處（处）　開（开）　風（风）　東（东）　漸（渐）　裏（里）　隻（只）　説（说）　雞（鸡）

給你吃」。小燕子說：「不。我很怕你」。說著，趕快逃走了。

小燕子飛到池塘邊，碰著一條花蛇。花蛇說：「小燕子，來、來！我和你同住。我天天把蛙肉給你吃」。小燕子說：「不。我很怕你」。說著，趕快逃走了。

小燕子飛到屋簷上，找著一隻別的小燕子，就和他做同伴，住在一起。

繁与简

給（给） 趕（赶） 飛（飞） 邊（边） 條（条） 來（来） 簷（檐）

二十八 髒東西

一個蒼蠅飛出去遊玩，飛到蜜蜂窠邊，蒼蠅對蜜蜂說：「我到你們府上參觀一回，好嗎？」蜜蜂說：「你這髒東西，快去！不許進來！你一天到晚嗡嗡嗡，只會吃飯不做工。」蒼蠅被他一罵，就飛開了。

蒼蠅飛到螞蟻洞口，對螞蟻說：「我到你們府上參觀一回，好嗎？」螞蟻說：「你這髒東西，快去！不

繁与简

髒（脏） 東（东） 個（个） 蒼（苍） 蠅（蝇） 飛（飞） 遊（游） 邊（边） 對（对） 說（说） 們（们） 參（参） 觀（观） 嗎（吗） 許（许） 進（进） 來（来）

會（会） 飯（饭） 罵（骂） 開（开） 螞（蚂） 蟻（蚁）

許進來!你一天到晚嗡嗡嗡,只管遊玩不做工.」蒼蠅被他一罵,又飛開了.

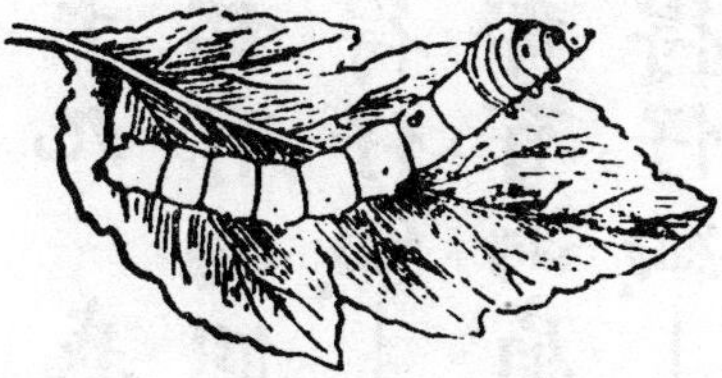

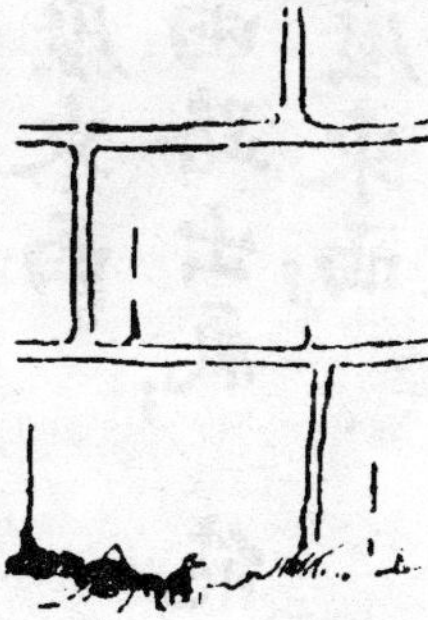

蒼蠅飛到蠶房裏,對蠶說:「我和你玩一回罷.」蠶說:「你這髒東西,快去!誰和你玩?你一天到晚嗡嗡嗡,只想害人不做工.」蒼蠅被他一罵,又飛開了.

繁与简

蠶（蚕） 裏（里） 罷（罢） 誰（谁）

二十九　我們都有

我們都有兩個窗洞，日開夜閉；黑白分明，看得仔細。——這是什麼東西？

我們都有兩扇旁門，只開不閉；狗叫雞啼，聽得仔細。——這是什麼東西？

我們都有一對大門，上下開閉；說話唱歌，哈哈嘻嘻。——這是什麼東西？

我們都有一個烟囱，兩路出氣；能辨香臭，會打噴嚏。——這是什麼東西？

繁与简

們（们）兩（两）個（个）開（开）閉（闭）細（细）這（这）麼（么）東（东）門（门）雞（鸡）聽（听）對（对）説（说）話（话）氣（气）會（会）噴（喷）

三十　燕語（一）

「居廬、居廬」借你家的屋宇，
避避風，躲躲雨。
「居廬、居廬」進你家的門閭，
輕輕飛，低低語。
茶不須，酒不須，
只須做個家庭養男女。
不用拒，不用驅，
住到秋天我們就回去。

繁与简

語（语）　廬（庐）　風（风）　進（进）　門（门）　閭（闾）　輕（轻）　飛（飞）　須（须）　個（个）　養（养）　驅（驱）　們（们）

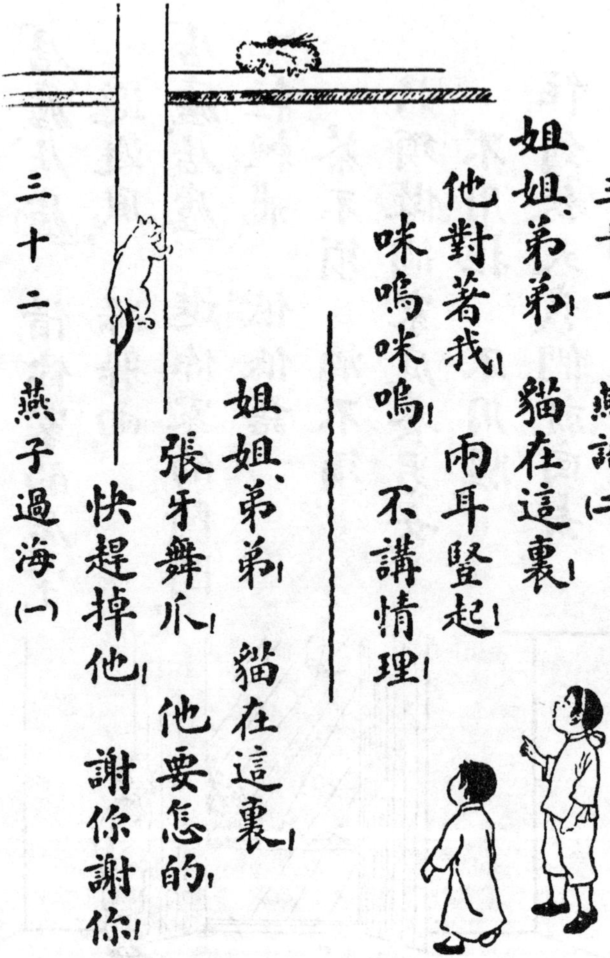

三十一 燕語(二)

姐姐、弟弟！ 貓在這裏！
他對著我！ 兩耳豎起！
咪嗚咪嗚！ 不講情理！

姐姐、弟弟！ 貓在這裏！
張牙舞爪！ 他要怎的！
快趕掉他！ 謝你謝你！

三十二 燕子過海(一)

秋天到了，兩隻燕子怕冷，飛到海邊，想到海

繁与简

貓（猫） 這（这） 裏（里） 對（对） 兩（两） 豎（竖） 嗚（呜） 講（讲） 張（张） 趕（赶） 謝（谢） 過（过） 隻（只） 飛（飞） 邊（边）

那邊暖地方去過冬．但是海水很闊，飛不過去．一隻黃狗來了；燕子說：「狗先生！你能彀帶我們過海嗎？」黃狗說：「不能．我跨不過這大海．」一隻青蛙來了；燕子說：「蛙小姐！你能彀帶我們過海嗎？」青蛙說：「不能．我跳不過這大海．」一隻野鴨來了；燕子說：「鴨老哥！你能彀帶我們過海嗎？」野鴨說：「不能．我划不過這大海．」兩隻燕子很失望，站在海岸邊歎氣．

繁与简

闊（阔）來（来）說（说）帶（带）們（们）嗎（吗）這（这）鴨（鸭）兩（两）歎（叹）氣（气）

三十三 燕子過海（二）

兩隻燕子正失望的時候，看見海水裏泛起來一條大魚。燕子忙喊他說：「魚兄，你會游水，一定可以帶我們過海了。」魚說：「不能。因為我游起來，全身都浸在水裏，你們却不能浸在水裏。」

兩隻燕子更加失望。

後來停在海邊的輪船開行了，兩隻燕子歡喜得很，就飛上輪船，趁船到海那邊去過冬。

繁与简

過（过） 兩（两） 隻（只） 時（时） 見（见） 裏（里） 來（来） 條（条） 魚（鱼） 説（说） 會（会） 帶（带） 們（们） 為（为） 後（后） 邊（边） 輪（轮） 開（开） 歡（欢） 飛（飞）

三十四 趁輪船

史俊人穿了新衣服，要去趁輪船．走到門外，鞋子踏在水潭裏．史俊人說：「啊喲，鞋子弄髒了，我回去換新鞋子罷．」

史俊人換了新鞋子，走到門外，帽子給風一吹，落在水潭裏．史俊人說：「啊喲！帽子弄髒了，我回去換新帽子罷．」

史俊人換了新帽子，走到輪船碼頭，輪船已經開去了．

繁与简

輪（轮） 門（门） 裏（里） 説（说） 喲（哟） 髒（脏） 罷（罢） 給（给） 風（风） 碼（码） 頭（头） 經（经） 開（开）

三十五　小人國的王船

有一天，小人國的海岸邊，發現一件很奇怪的東西——原來是大人國裏小孩子的一隻皮靴，掉在海裏，漂到這裏來了。

小人國裏的人，當這皮靴是鯨魚，大家趕忙拿了槍、叉、棍、棒，來捉他。費了許多工夫，才把他拖到海岸上。

許多小人，把皮靴擡起來，細細的看，一個聰明的小人說：「這

繁与简

國（国） 邊（边） 發（发） 現（现） 東（东） 來（来） 裏（里） 隻（只） 這（这） 當（当） 鯨（鲸） 魚（鱼） 趕（赶） 槍（枪） 費（费） 許（许） 擡（抬）

細（细） 個（个） 聰（聪） 説（说）

倒可以裝飾起來，做成王船，獻給國王的。從此這皮靴就做了小人國裏的王船。

三十六　小人國

門鈴響，大門開，黃衣郵差送信來。信從那裏來？信從小人國裏來

接過信來瞧一瞧，大字還比螞蟻小；看不出，快拿顯微鏡子照。

信上說的什麼話？有人旅行來過夏，託我預備鴿子棚，當做旅館住一下。

繁与简

裝（装）飾（饰）獻（献）從（从）國（国）門（门）鈴（铃）響（响）開（开）郵（邮）來（来）裏（里）過（过）還（还）螞（蚂）蟻（蚁）顯（显）

鏡（镜）說（说）麼（么）話（话）託（托）預（预）備（备）鴿（鸽）當（当）館（馆）

三十七 大人國

門鈴響，大門開，綠衣郵差送信來。
信從那裏來？信從大人國裏來。
信紙方方二丈四，只寫三十六個字。
約我去，大人國裏頑一次。
去的路程多少遠？
掐著指頭算一算：
火車要走四五年；飛機要走一年半。

三十八 公舉獸王

獅子死了，許多野獸要公舉一個獸王。

繁与简

國（国） 車（车）
門（门） 飛（飞）
鈴（铃） 機（机）
響（响） 舉（举）
開（开） 獸（兽）
綠（绿） 獅（狮）
郵（邮） 許（许）
來（来）
從（从）
紙（纸）
寫（写）
個（个）
約（约）
裏（里）
頑（顽）
遠（远）
頭（头）

豹說：「我的皮很值錢，你們應該舉我。」虎說：「我的力氣最大，你們應該舉我。」猴子說：「我會爬樹，你們應該舉我。」象說：「你們還是舉我罷。」許多野獸問他什麼緣故，象說：「我的皮也很值錢，和豹一樣；我的力氣比虎還大；猴子會爬樹，我會拔樹；我一個比得過他們三個，不是該舉我做獸王嗎？」

許多野獸都說「不錯，」就公舉象做獸王。

繁与简

說（说）錢（钱）們（们）應（应）該（该）舉（举）氣（气）會（会）樹（树）還（还）罷（罢）問（问）緣（缘）麼（么）樣（样）個（个）過（过）嗎（吗）

三十九　猴子闖禍(一)

猴小姐常常跟了猴哥哥出去闖禍。

有一回，他們闖到老虎家裏。老虎低了頭，正在那裏打瞌睡。猴哥哥偷過去，用手到老虎的膈肢窩裏一撓；老虎打一個寒噤，直跳起來。他們一面笑，一面跳，趕忙逃走了。

有一回，他們闖到獅子家裏。獅子彎着背，在那裏乘風涼。猴哥哥偷過去，用繩子把獅子的尾巴縛在樹上。他們再走到獅子面前去拍手

繁与简

闖（闯）禍（祸）們（们）裏（里）頭（头）過（过）窩（窝）撓（挠）個（个）來（来）趕（赶）獅（狮）彎（弯）風（风）涼（凉）繩（绳）縛（缚）樹（树）

大笑.

四十 猴子闖禍(二)

獅子大怒,用力一跳,繩掙斷了,趕過去捉他們.猴哥哥趕快逃走,猴小姐却被獅子捉住.

獅子說:「你們為什麼要來弄我的尾巴?」猴小姐說:「這是我哥哥的意思.」獅子說:「我不管你們哥哥妹妹.我現在要弄你們的尾巴了.」說著,咬住他的尾巴一扔,把猴小姐的尾巴折斷.猴小姐顧不得痛,趕快爬到樹頂上去.

繁与简

闖(闯) 禍(祸) 獅(狮) 繩(绳) 斷(断) 趕(赶) 過(过) 們(们) 說(说) 為(为) 麽(么) 來(来) 這(这) 現(现) 顧(顾) 樹(树) 頂(顶)

四十一 我問你

月呀、月呀！我問你：

「你在天上走，好像很得意。

昨天你在甚麼地方？

今天你要到那裏？

有時圓，有時缺，

你要的是什麼把戲？」

風呀、風呀！我問你：

「你在空中吹，好像很得意。

繁与简

問（问） 甚（什） 麼（么） 裏（里） 時（时） 圓（圆） 戲（戏） 風（风）

平時你在甚麼地方？今天怎樣到這裏？
有時大，有時小，
你發的是什麼脾氣？」
水呀，水呀！我問你：
「你在河裏流，好像很得意．
來源是否在山上頭？
去路是否到海裏？
有時漲，有時落，
你做的是什麼事體？」

繁与简

樣（样）
這（这）
發（发）
氣（气）
來（来）
頭（头）
漲（涨）
體（体）

四十二　十個好朋友

朱自强家裏並没有用人。但是他的卧房裏、書桌上、却收拾得清潔整齊，没有一點雜亂骯髒。——同學們天天去看他，看見他房裏常是這樣。

有一回，王明遠問他說：「自强，你家没有用人，誰來幫助你，弄得你房裏這樣清潔整齊呢？」朱自强說：「我有十個好朋友，天天幫助我，你没有知道嗎？」王明遠說：「噢！你有十個好朋友，我怎麽

繁与简

個（个）裏（里）並（并）書（书）潔（洁）齊（齐）點（点）雜（杂）亂（乱）骯（肮）髒（脏）學（学）們（们）見（见）樣（样）遠（远）説（说）
誰（谁）幫（帮）嗎（吗）麽（么）

一向沒看見呢？」朱自强哈哈大笑。王明遠也笑著說：「好、好，原来你是騙我！我可不答應。」朱自强忙把兩隻手十個指頭伸出來說：「你看、你看，這不是十個好朋友嗎？」

繁与简

騙（骗） 應（应） 兩（两） 隻（只） 頭（头） 來（来） 這（这）

四十三　柳兒牧羊

柳兒喜歡說謊，人家都說他不誠實。

有一天，柳兒在草地上牧羊，忽然大喊道：「狼來了！狼來了！你們快來趕狼呀！……」許多人趕忙拿了農具來打狼；但是狼的影子也沒有。柳兒拍着手，哈哈大笑。

又一天，柳兒在草地上牧羊，狼真來了。柳兒大喊道：「狼來了！狼來了！你們快來趕狼呀！……」許多人當他又是說謊，大家不理他。狼把柳兒的

繁与简

兒（儿）歡（欢）說（说）謊（谎）誠（诚）實（实）來（来）們（们）趕（赶）許（许）農（农）當（当）

羊捉了幾隻去.柳兒頓著脚,哇的大哭.

從此,柳兒再也不敢說謊.

四十四　我願

我願背上生兩翅,　撲撲撲撲四處飛.

要到那裏就那裏,　有時出去有時回.

一飛飛到樹林中,　去和鳥兒做弟兄.

冬天跳舞晒暖日,　夏天唱歌趁好風.

一飛飛到天空中,　小得好像螢火蟲.

睜眼看看全世界,　江山樹木青濛濛.

繁与简

幾（几）　隻（只）　頓（顿）　從（从）　願（愿）　兩（两）　撲（扑）　處（处）　飛（飞）　裏（里）　時（时）　樹（树）　鳥（鸟）　風（风）　螢（萤）　蟲（虫）

四十五　不能回答

文九問：「許多人怎麼要坐人力車呢？」先生說：「因為走不動。」文九說：「拉車子的拉了一輛車子，還加上一個人，怎麼倒走得動呢？」先生不能回答。

文九問：「拉人力車的，不是走得很快嗎？」先生說：「走得很快。」文九說：「他為什麼不加入運動會，做運動員，去和人家賽跑呢？」先生不能回答。

繁与简

問（问）　許（许）　麼（么）　車（车）　説（说）　為（为）　動（动）　輛（辆）　還（还）　個（个）　嗎（吗）　運（运）　會（会）　員（员）　賽（赛）

四十六　怪車輪(一)

一個婦人，帶著三個孩子，走到馬路上。婦人雇了一輛車子，三個孩子都要坐。

車輪想：「如果三個孩子都來坐，我如何載得起呢？不如趕快逃罷。」想著，就從車子底下滾了出來，一直向前逃。

車輪滾到前面，碰著一匹馬。馬喊他說：「車輪兄，你為什麼滾得這樣快？請你停一停，我的車子上少一個輪盤，正要用你呢。」車輪說：「不行，不行，我不願到馬車上來做事了。」

繁与简

車（车）　輪（轮）　個（个）　婦（妇）　帶（带）　馬（马）　輛（辆）　來（来）　載（载）　趕（赶）　罷（罢）　從（从）　滾（滚）　说（说）　為（为）　麼（么）　樣（样）　請（请）　盤（盘）　願（愿）

四十七　怪車輪(二)

車輪仍舊向前滾，碰著一個工匠。工匠喊他說：「車輪兄，你為什麼滾得這樣快？請你停一停，我的機器上缺少一個輪盤，正要用你呢。」車輪說：「不行，不行，我不願到機器上來做事了。」

後來，車輪滾到草地上，看見一個小孩子，躺在搖籃裏哭——搖籃的輪盤壞了，搖籃側在一邊，小孩子快要跌下去了。

車輪想：「這回我可不能不幫助人家了。」車輪

繁与简

車（车）　輪（轮）　舊（旧）　滾（滚）　個（个）　説（说）　爲（为）　麽（么）　這（这）　樣（样）　請（请）　機（机）　盤（盘）　願（愿）　後（后）　見（见）　籃（篮）　壞（坏）　側（侧）　邊（边）　幫（帮）

就滚到摇篮底下，载着摇篮走。摇篮很平稳，小孩子也不哭了。

四十八　油漆未乾

一家店铺，在新漆的栏杆上，贴着一条白纸，写着「油漆未乾」四個字。王兒問父親說：「這是什麼意思？」父親說：「這樣，人家就不去碰他了。」

明天，王兒上街去，身上也貼一條白紙，上面也寫「油漆未乾」四個字。有人問他是什麼意思？他說：「這樣，人家就不來碰我了。」

繁与简

載（载）穩（稳）乾（干）鋪（铺）欄（栏）貼（贴）條（条）紙（纸）寫（写）個（个）兒（儿）問（问）親（亲）説（说）這（这）麽（么）樣（样）

四十九　星兒做小凳子

「星兒拿三塊木板，幾個鐵釘，要做一張小凳子。母親說：「很好，你就自己去做罷。」

「星兒把兩塊木板豎在兩邊；再拿一塊木板横在上面。兩頭釘兩個鐵釘，做成一張小凳子。

「星兒歡喜得很，喊著說：「媽媽，媽媽，媽媽！小凳子做好了，你看我坐下去。」那知一坐下去，木板坍倒，「星兒跌了一交。

「星兒連忙站起來，仔細一看，知道兩個鐵釘。

繁与简

兒（儿）　來（来）
塊（块）　細（细）
幾（几）
個（个）
鐵（铁）
釘（钉）
張（张）
親（亲）
説（说）
罷（罢）
豎（竖）
兩（两）
邊（边）
頭（头）
歡（欢）
媽（妈）
連（连）

太少，就加上兩個釘，再把木板釘好。星兒又歡喜得很，喊著說：「媽媽、媽媽！小凳子修好了，你看我坐下去。」那知一坐下去，木板又坍倒，星兒又跌了一交。

星兒連忙站起來，仔細一看，知道四個鐵釘還不够，又加上兩個釘，再把木板釘好。星兒又歡喜得很，喊著說：「媽媽、媽媽！小凳子真修好了，現在你看我坐下去。」這一回，木板不坍倒了，星兒也不跌了。

繁与简

還（还）

現（现）

這（这）

五十

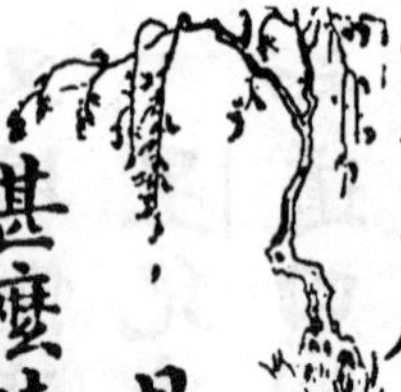

甚麼時候好？

甚麼時候好？春天早晨好。

看不厭，聽不了，園裏鮮花樹上鳥。

甚麼時候好？夏天早晨好。

月光淡，星光小，綠柳枝頭風裊裊。

甚麼時候好？秋天早晨好。

葉半紅，花半老，點點露珠霑百草。

甚麼時候好？冬天早晨好。

雪在山，冰在沼，滿瓦霜花白皓皓。

繁与简

甚（什） 麽（么） 時（时） 厭（厌） 聽（听） 園（园） 裏（里） 鮮（鲜） 樹（树） 鳥（鸟） 綠（绿） 頭（头） 風（风） 裊（袅） 葉（叶） 點（点） 霑（沾） 滿（满）

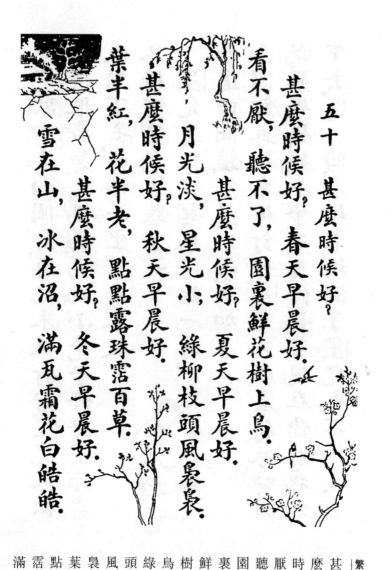

第五册

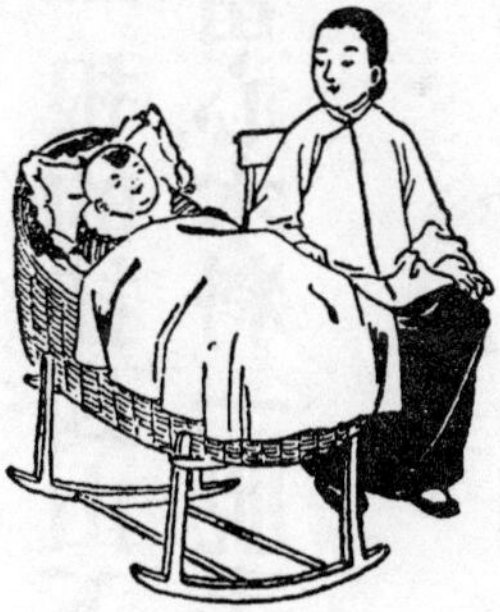

二 採木料

笨人國的人民，要蓋一座議事廳。許多笨人都到山上去採木料。

笨人把採得的木料，一根一根的扛到山下去。扛到末了一根，扛的人沒有留心，木料一脫手，骨碌骨碌滾到山下去了。

笨人看見木料自己會滾，都很奇怪。一個笨人說：「可惜我們沒有讓他自己滾下去！」一個笨人說：「我們去把木料扛上來，再讓他滾下去。」

繁与简

採（采） 國（国） 蓋（盖） 議（议） 廳（厅） 許（许） 碌（碌） 滾（滚） 會（会） 個（个） 説（说） 們（们） 讓（让）

大家都說：「好的、好的。」許多笨人就把山下的木料一起扛到山上，再讓他一根一根的滾下去。

三　捉亮光

笨人國裏蓋了一座議事廳，但是沒有開窗子，所以廳裏面黑暗得很。

一個笨人說：「我們把太陽光捉到議事廳裏去，那就亮了。」大家說：「好的、好的。」

笨人都去捉太陽光：有的用畚箕裝，有的用木桶盛，有的用銅杓舀：……但是都捉不著太陽光。

繁与简

國（国）　裏（里）　蓋（盖）　議（议）　廳（厅）　開（开）　個（个）　説（说）　們（们）　陽（阳）　裝（装）　杓（勺）

笨人捉不到太陽光，都以爲黑暗的議事廳沒用，就把這議事廳拆掉了。

四　太陽光光

太陽光光，照在東方。家家女兒愛梳妝。大姐挽個盤龍髻，二姐插對金鳳凰。朝不做，夜慌張，三頓茶飯忙殺懶姑娘。

五　什麼東西可以裝滿房間？

先生叫兩個學生來，給他們每人一個銀元。吩咐他們說：「我要你們各人去買一件東西來，把

繁与简

陽（阳）　間（间）
東（东）　兩（两）
兒（儿）　學（学）
愛（爱）　來（来）
個（个）　給（给）
盤（盘）　們（们）
龍（龙）　銀（银）
對（对）　説（说）
鳳（凤）　買（买）
張（张）
頓（顿）
飯（饭）
殺（杀）
嬾（懒）
麽（么）
裝（装）
滿（满）

這黑暗的房間裝滿。」

兩個學生聽了先生的吩咐，就各自去買。

一個買了許多乾草，回來，眞的把房間裝滿。先生搖搖頭，說：「笨極了！這樣一來，人都不能進去；這房間一點沒有用處了！」

一個買了一盞油燈，回來，把油燈點著，對先生說：「先生！我拿燈光來裝滿這黑暗的房間了。」

先生說：「好！這纔是聰明的辦法。」

繁与简

這（这）　聽（听）　許（许）　乾（干）　眞（真）　頭（头）　極（极）　樣（样）　進（进）　點（点）　處（处）　盞（盏）　燈（灯）　對（对）　纔（才）　聰（聪）　辦（办）

六 猴子拾豌豆

一隻猴子，兩手捧著一盆豌豆，在路上走。盆子一歪，一粒豌豆滾出來，落在地上。猴子趕忙彎著腰去拾。不想剛拾起來，盆子又一歪，十多粒豌豆滾下去了。猴子再彎著腰去拾盆子裏的豌豆，統統滾下去了。

猴子大怒，索性丟了盆子，把地上的豌豆統統踏壞。猴子踏壞了豌豆，頭也不回的走開了。

七 蝸牛

一隻貓捉住一個蝸牛，翻來覆去細看。蝸牛嚷

繁与简

隻（只） 兩（两） 滾（滚） 來（来） 趕（赶） 彎（弯） 剛（刚） 裏（里） 統（统） 壞（坏） 頭（头） 開（开） 蝸（蜗） 貓（猫） 個（个） 細（细）

著說：

「貓先生，請你不要打破我的屋子！」貓聽了很奇怪，問他說：「這硬東西，就是你的屋子嗎？」蝸牛說：「是的。」貓說：「你這屋子用什麼材料造的呢？」蝸牛說：「用我身上泌出來的膠質造的。」貓說：「誰給你造的呢？」蝸牛說：「我自己造的。」貓說：「我想不到你倒是一位建築家，放你去罷。」

蝸牛在地上慢慢的走。貓說：「你爲什麼要把

繁与简

說（说）　請（请）　聽（听）　問（问）　這（这）　東（东）　嗎（吗）　麼（么）　膠（胶）　質（质）　誰（谁）　給（给）　築（筑）　罷（罢）　為（为）

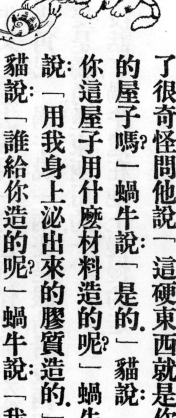

屋子帶在身上呢？」蝸牛說：「一則恐怕人家拿去；一則我走路的時候，遇了什麼危險，可以立刻躲進去。」

蝸牛又走過去。貓說：「奇怪、奇怪！你頭上怎麼生四隻角呢？」蝸牛說：「兩隻是眼睛，看東西用的；兩隻是觸角，碰東西用的。」

貓沒話了，蝸牛還在地上慢慢的走。

繁与简

帶（带） 則（则） 時（时） 險（险） 躲（躲） 進（进） 過（过） 頭（头） 隻（只） 東（东） 觸（触） 話（话） 還（还）

九 笑

有人說：「氣氣惱惱成了病，嘻嘻哈哈活了命；」原來笑這件事，是很有益於身體的．

我今天已經笑了三次了：

第一次，有幾片楓樹葉子，落在狗身上，嚇得狗直跳起來；我笑了一笑．

第二次，陳世兄和我捉迷藏，我躲在先生背後，他把先生捉住了；我又大笑一次．

第三次，小弟弟彎了背，裝老頭子，一面咳

繁与简

說（说） 氣（气） 惱（恼） 來（来） 這（这） 於（于） 體（体） 經（经） 幾（几） 楓（枫） 樹（树） 葉（叶） 嚇（吓） 陳（陈） 躲（躲） 後（后） 彎（弯） 裝（装） 頭（头）

嗽一面走;我又大笑起來.

現在我回想這三件可笑的事情,又要笑起來了.

十 互相爭論

嘴吃東西;胃消化食物;手做事;脚走路:本來很和睦的.後來不知道爲了什麼事,大家互相爭論起來了.

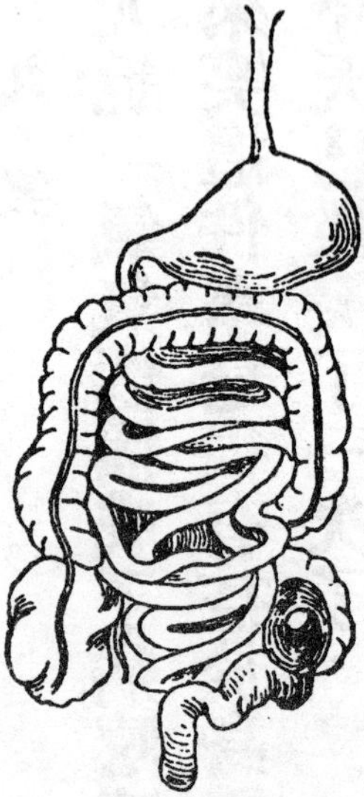

嘴說:「人不吃東

繁与简

現(现) 論(论) 東(东) 後(后) 為(为) 麼(么) 説(说)

西就活不成；假使我不替他吃，人一定要餓死。」胃笑著說：「我不消化食物，你再多吃些，也不中用的！」手大喊說：「所有的食物，都是我做出來的！」腳跳起來說：「我不走動，前面就是有食物，手也拿不著；手拿不著食物，嘴吃甚麼？胃又消化甚麼呢？」

你一句，我一句，大家爭論不休。

十一　互相幫助

嘴、胃、手、腳、互相爭論，各不相讓。嘴大怒道：「你們要胡鬧，我就不吃東西！」胃說：「你就吃了東西，我也不來消化。」手說：「你

繁与简

餓（饿）來（来）動（动）甚（什）麼（么）論（论）幫（帮）讓（让）們（们）鬧（闹）東（东）説（说）

們還說吃和消化嗎！我不替你們拿食物了！」脚說：「大家停著罷！我也不願意再走。」

過了兩天，胃餓得很疲倦；嘴餓得很饞；手、脚也漸漸的覺得輭弱無力。

眼睛看不過，只得說：「你們都是一家人，不要鬧意見，還是互相幫助罷！」

嘴、胃、手、脚，聽了他的話，就互相幫助著，各做各的事，不再爭論了。

十二　蛇頭和蛇尾分離

一條蛇，在路上走。他的尾巴忽然要搶到前面

繁与简

還（还）嗎（吗）罷（罢）願（愿）過（过）兩（两）餓（饿）饞（馋）漸（渐）覺（觉）輭（软）無（无）聽（听）話（话）頭（头）離（离）條（条）搶（抢）

去先走.

蛇頭攔住他說:「你沒有耳朵,也沒有眼睛,怎麽可以先走呢?」蛇尾說:「我會走,我並且會帶你走;你沒有我,一定不能走動.假使我繞在樹枝上,你能夠開步嗎?」

兩個爭論不休.蛇頭說:「我們就分開罷.」於是一條蛇就分了兩段.

沒頭的蛇尾,走了不遠,就跌在坑裏;沒尾的蛇頭,也沒法走動了.

繁与简

攔(拦) 説(说) 麽(么) 會(会) 並(并) 帶(带) 動(动) 繞(绕) 樹(树) 開(开) 嗎(吗) 兩(两) 個(个) 論(论) 們(们) 罷(罢) 於(于) 遠(远) 裏(里)

十七 一羣恐慌的野獸(一)

白兔坐在大樹下。忽聽得豁刺一響，一陣大風，從樹上刮下來。白兔以爲地面裂開了，跳起來就逃。

母兔看見他跑，問他爲什麼？他嚷著說：「地面裂開了，我們要掉到地底下去了，趕快逃命呀！」

母兔聽了很恐慌，也跳起來就逃。

山羊看見他們跑，問他們爲什麼？他們嚷著說：「地面裂開了，我們要掉到地底下去了，趕快逃

繁与简

羣（群）獸（兽）樹（树）聽（听）響（响）陣（阵）風（风）從（从）來（来）為（为）開（开）見（见）問（问）麼（么）趕（赶）

命呀!」山羊聽了也很恐慌,跟著他們跑.後來狐狸、猴子、野豬、野牛、鹿、象……看見他們跑,聽見他們嚷,也都很恐慌,跟他們一起跑.跑得氣喘汗流,還不敢休息.

十八 一羣恐慌的野獸(二)

白兔、母兔、山羊、狐狸、猴子、野豬、野牛、鹿、象……幾百隻野獸,走到獸王老獅子面前.老獅子問他們爲什麼?他們很恭敬的回答說:「地面裂開了,我們恐怕掉到地底下去,所以逃走.」

繁与简

們(们) 後(后) 豬(猪) 氣(气) 還(还) 羣(群) 獸(兽) 幾(几) 隻(只) 獅(狮) 問(问) 為(为) 麼(么) 說(说) 開(开)

老獅子一點也不恐慌.問他們說:「你們誰看見地面裂開的?」鹿、象等等都說:「是白兔告訴我們的.」白兔說:「我聽見豁剌一響,我想一定是地面裂開了.」老獅子說:「倘使地面眞裂開了,我們也該看看那裂縫有多少闊.白兔!請你坐在我的背上,一同到大樹下去查看.」

獅子帶了白兔,到大樹下一看,一點裂縫也沒有.獅子說:「你這白兔好魯莽呀.」

獅子回來,對那一羣野獸說:「地面並沒有裂

繁与简

點(点) 們(们) 誰(谁) 見(见) 訴(诉) 聽(听) 響(响) 該(该) 縫(缝) 闊(阔) 請(请) 樹(树) 點(点) 這(这) 魯(鲁) 對(对) 並(并)

開．你們今天不碰著我，不知要跑到那裏去呢？」

十九　駱駝和豬

駱駝身體很高，豬身體很矮，大家都自以爲好．駱駝說：「世界上最好的就是高．你看我多麼

高呀！」豬說：「世界上最好的就是矮，你看我多麼矮呀！」兩個

繁与简

裏（里）　駱（骆）　駝（驼）　豬（猪）　體（体）　為（为）　説（说）　麼（么）　兩（两）　個（个）

爭論不休.駱駝說:「我可以做一件事情,證明高的好.」豬說:「我也可以做一件事情,證明矮的好.」

駱駝走到四面圍著矮牆的花園邊,把頭擡起來吃園裏的樹葉.豬吃不著.駱駝說:「現在可以證明高比矮好了.」

豬走到四面圍著高牆,單開一扇矮門的花園邊,把身體由矮門鑽進去吃樹葉.駱駝鑽不進.豬說:「這可以證明矮比高好了.」

繁与简

論(论) 證(证) 圍(围) 牆(墙) 園(园) 邊(边) 頭(头) 擡(抬) 樹(树) 葉(叶) 單(单) 開(开) 鑽(钻) 進(进)

牛先生說：「你們不要爭了。用得著高的時候高好，用得著矮的時候矮好。」

二十　兔和狗

幾隻狗追一隻灰兔。灰兔沒命的逃走。

灰兔剛逃到洞口，遇見一隻白兔。白兔說：「我的朋友，你爲什麼奔回來？」灰兔說：「有幾隻獵狗追我。」白兔說：「獵狗在那裏？」灰兔說：「看！在那邊田裏。」

白兔朝那邊一望，就說：「那不是獵狗！」灰兔

繁与简

們（们）時（时）幾（几）隻（只）剛（刚）見（见）説（说）為（为）麽（么）來（来）獵（猎）裏（里）邊（边）

說:「是什麼呢?」白兔說:「是小羊!」灰兔說:「我看是獵狗!」白兔說:「一定是小羊!」灰兔說:「不對,一定是獵狗!」

兩隻兔兒爭論不休。獵狗奔來,把他們都捉住,撕成碎片。

二十一　鹿嚇老虎(一)

鹿在山上吃草,忽而一隻小老虎從他的背後走來。鹿大驚,要想逃走;但是逃不及了,只得裝做沒事的,仍舊站在那裏。

繁与简

對(对)　兩(两)　兒(儿)　論(论)　們(们)　嚇(吓)　隻(只)　從(从)　後(后)　來(来)　驚(惊)　裝(装)　舊(旧)　裏(里)

小老虎不認識鹿,問鹿說:「你頭上的角做什麼用的?」鹿說:「叉老虎肉吃的.」小老虎說:「你身上的斑紋,是什麼記號?」鹿說:「我每吃一隻老虎,身上就生一個斑紋.」小老虎聽了,大驚,回頭就逃.鹿大喜.

狐狸問小老虎:「你爲什麼跑得這樣快?」小老虎把鹿說的話告訴他.狐狸大笑.

二十二 鹿嚇老虎(二)

狐狸叫小老虎去捉鹿.小老虎不敢去.狐狸說:

繁与简

認(认) 識(识) 問(问) 説(说) 頭(头) 麽(么) 紋(纹) 記(记) 號(号) 個(个) 聽(听) 驚(惊) 為(为) 這(这) 樣(样) 話(话) 訴(诉) 嚇(吓)

「我騎在你的背上,你帶我同去.」

狐狸騎了老虎,走到鹿的跟前.鹿想自己的計策,一定被惡狐說破了,心裏愈加恐慌.但是仍舊裝做沒事的,並不逃走.小老虎走近了,鹿喊狐狸說:「狐大哥!你前天說要騙一隻老虎來送給我吃,現在送來了嗎?好!你眞不失信!」

老虎聽了鹿的話,又大驚,回頭就跑.小老虎走到峭壁上,把身體一跳.狐狸從老虎背上跌下來,滾到山澗裏去了.

繁与简

騎(骑) 帶(带) 計(计) 惡(恶) 說(说) 裏(里) 舊(旧) 裝(装) 並(并) 騙(骗) 隻(只) 給(给) 現(现) 嗎(吗) 聽(听) 話(话) 驚(惊)

頭(头) 體(体) 從(从) 來(来) 滾(滚) 澗(涧)

二十三 月亮高高

月亮高高，喜鵲飛，老鴉叫．
将軍騎白馬，跑到龍王廟．
水又闊，山又峭；
前有虎，後有豹．
壞了，壞了！
鐵的馬掌也掉了；
将軍，将軍，快些跳，不跳不得了．

繁与简

鵲（鹊） 飛（飞） 鴉（鸦） 將（将） 軍（军） 騎（骑） 馬（马） 龍（龙） 廟（庙） 闊（阔） 後（后） 壞（坏） 鐵（铁）

二十四　影子也利害的獅王

獅子捉住小白兔，笑著說：「哼！我最利害！許多動物看見我的影子，也就躲開，你爲什麼不躲開呢？」白兔心裏很恐慌，但是臉色一點不變，却笑了一笑。

獅王說：「你笑我不利害嗎？」白兔說：「大王果然利害；但是還有比大王利害的東西哩。」獅王怒道：「誰呢？在什麼地方？」白兔

繁与简

獅（狮）　説（说）　許（许）　動（动）　見（见）　開（开）　為（为）　麼（么）　裏（里）　臉（脸）　點（点）　變（变）　嗎（吗）　還（还）　東（东）　誰（谁）

說:「就在林子外面.他常常要想來捉你!」獅王大怒道:「這還了得!你領我去捉他!」

白兎把獅王領到林子外面,水潭旁邊.獅王向水潭裏一望,果然看見一隻披頭散髮的東西.獅王忍不住,直跳下去捉他.不想水潭很深,獅王落在水裏淹死了.白兎說:「哼!你的影子眞利害!」

二十五　小兎救小驢(一)

小驢正在山谷裏吃草.一隻狼和一隻狐狸走

繁与简
來(来)
這(这)
領(领)
邊(边)
隻(只)
頭(头)
髮(发)
驢(驴)
裏(里)

來,把小驢闌住.狼對小驢說:「嚇!誰叫你偷我們的草吃的?現在只好把你的肉來賠償我們了!」小驢一聲也不響,只管站在那裏發抖.

狼和狐狸正要吃那小驢,一隻灰兔從山洞裏跳出來,忙叫道:「狼伯伯!狐叔叔!驢子的血,不是味道最好嗎?你們如果把驢子的皮肉咬破,讓他的血流掉,這是最笨的吃法呀!」狐狸說:「依你怎樣呢?」灰兔說:「依我,把驢子活活的弄死,再吃下去.」

繁与简

來(来) 這(这) 闌(阑) 樣(样) 對(对) 説(说) 嚇(吓) 誰(谁) 們(们) 現(现) 賠(赔) 償(偿) 聲(声) 響(响) 發(发) 隻(只) 從(从) 嗎(吗) 讓(让)

二十六　小兔救小驢（二）

狼說：「怎樣弄死驢子呢？」灰兔說：「我有法子。」

灰兔就拿出一條繩子來。把繩子挽了三個結，中間一個活結，兩旁兩個死結。活結套在驢子的頭上，兩個死結請狼和狐狸套好。灰兔說：「請你們用力拉，這小驢就可以被繩子勒死，不會出血了。」

繁与简

驢（驴）說（说）樣（样）條（条）繩（绳）來（来）個（个）結（结）間（间）兩（两）頭（头）請（请）們（们）這（这）會（会）

狼和狐狸用力把繩子向兩面拉，活結一鬆，小驢就趁勢褪了出來；狼和狐狸卻被死結扣住，不能去追他。小驢謝了謝灰兔，就飛也似的逃走了。

二十七　怎樣哄我站起來？

李士明是一個很乖巧的孩子。他常常用別人想不到的法子去哄人家。但是別人卻不能哄他。所以他對別人說：「有人能夠哄動我，我願意送他一個自己心愛的夜明錶。」

張得庸到李士明家裏去，說要哄李士明。李士

繁与简

鬆（松）勢（势）卻（却）謝（谢）飛（飞）樣（样）來（来）個（个）對（对）説（说）動（动）願（愿）愛（爱）錶（表）張（张）裏（里）

明說：「好的、好的，我坐在椅子上，你能夠哄我站起來，就算你贏。」他說完，就坐在椅子上不動。張得庸用種種法子去哄他；但是李士明終不站起來。

過了一會，張得庸說：「我沒有法子哄你站起來，却有法子哄你坐下去。請你站起來，讓我哄罷。」李士明說：「可以、可以。」就站了起來。張得庸拍手笑道：「你被我哄起來了；現在該把夜明錶送我。」

繁与简

種（种） 終（终） 過（过） 會（会） 讓（让） 罷（罢） 現（现） 該（该）

二十八 張得庸給李士明的信——還錶

親愛的士明：

前天我哄你站起來，贏了你的夜明錶，你心上怎麼樣？

這件事情本來是「頑意兒」，我不該認真拿你的錶。不過我要你心裏急一急，所以一點不客氣。現在過了兩天，我想你也急得够了，所以特地派人送還你。請你收着罷！

你在府上快樂嗎？有空請你給我一封覆信。

繁与简

張（张） 給（给） 還（还） 錶（表） 親（亲） 愛（爱） 來（来） 麼（么） 樣（样） 這（这） 頑（顽） 兒（儿） 該（该） 認（认） 過（过） 裏（里） 點（点）

氣（气） 現（现） 兩（两） 請（请） 罷（罢） 樂（乐） 嗎（吗）

祝你平安！

你的好友得庸　二十日

外錶一個　專送武士街五十號
李士明君檢收
俟片　吾有巷張緘

二十九　李士明覆張得庸的信

得庸愛友：

昨天你把夜明錶還我，謝謝！你真聰明，能夠哄我！我的錶輸給你是應該的，所以我心上一點也不急，——不要說輸給你，

繁与简

個（个）專（专）號（号）檢（检）張（张）緘（缄）錶（表）還（还）謝（谢）聰（聪）輸（输）給（给）應（应）該（该）點（点）説（说）

就是送給你也不算什麼!—不過你既要還我,我只得收下了.

我在舍間極快樂.我有一首新詩「我的世界」,另紙抄給你看,你看了就知道我的快樂了.—你也快樂嗎?

祝你康健!

你的知己士明

二十日

本城 吾有巷二十號

張得庸君收

武士街五十號李緘

繁与简

麽(么) 過(过) 間(间) 極(极) 樂(乐) 詩(诗) 紙(纸) 嗎(吗) 號(号) 張(张) 緘(缄)

三十　我的世界

我的世界快樂多：
花兒給我噴香氣；鳥兒給我唱好歌；
涼風吹我心爽快；太陽晒我身暖和。
愁也覺不著，惱也覺不著，
我的世界多快樂。
我的世界快樂多：
哥哥給我講故事；姐姐給我唱新歌；
放下書本拿筆桿；打罷秋千抽陀螺。

繁与简

樂（乐）兒（儿）給（给）噴（喷）氣（气）鳥（鸟）涼（凉）風（风）陽（阳）覺（觉）惱（恼）講（讲）書（书）筆（笔）桿（杆）罷（罢）

坐也不寂寞，遊也不寂寞，
我的世界多快樂。

三十一 客來

「李先生在家嗎？」「家父剛才出去，停一刻就要回來的。請裏面坐！」

「先生貴姓？」「敝姓張。」「找家父有什麼事？」「我剛從北京回來，特來拜望他的。」「先生不就是得庸兄的令尊嗎？」「對呀！你何以知道呢？」「家父昨天提起老伯不久要回來，所以

繁与简
遊（游） 來（来） 嗎（吗） 剛（刚） 請（请） 裏（里） 貴（贵） 張（张） 麼（么） 從（从） 對（对）

知道.」

「請問世兄大名?」「小姪叫士明.」「現在幾歲了?」「九歲.」「讀的什麼書?」「國語、社會、自然、算術、……」「在小學幾年級?」「四年級.」「這樣說來,你和得庸是同班的.」「是呀!」「我看你聰明得很!」「那裏、那裏!得庸兄比我聰明得多哩.」

三十二 公雞蛋

從前有一個皇帝,他忽然想到要吃公雞蛋.

繁与简

問(问) 姪(侄) 現(现) 幾(几) 歲(岁) 讀(读) 書(书) 國(国) 會(会) 術(术) 學(学) 級(级) 這(这) 樣(样) 聰(聪) 雞(鸡) 從(从) 個(个)

他對老宰相說：「我要吃公雞蛋，限你三天找來！如果找不到，我可不答應的。」老宰相慌得了不得，只得四處去找。但是那裏找得到！

到了第三天，老宰相的孫子甘露，替老宰相上朝去見皇帝。皇帝說：「你的祖父呢？」甘露說：「在家裏生兒子哩。」皇帝心裏很奇怪，說：「男人怎會生兒子呢？」甘露隨口說：「那末公雞怎會生蛋呢。」

皇帝聽了大喜，說甘露很聰明，立刻請他做宰

繁与简

對（对） 说（说） 來（来） 應（应） 處（处） 裏（里） 孫（孙） 見（见） 兒（儿） 會（会） 隨（随） 聽（听） 聰（聪） 請（请）

相.——這時候,甘露只有十二歲.

三十三　野鴨帶烏龜搬家

一隻烏龜和兩隻野鴨,同住在一條小河邊.有一年冬天,河底乾了,兩隻野鴨要搬家到別處去.

烏龜央他們說:「你們去了,留下我在這裏很寂寞;請兩位帶我同去罷.」野鴨說:「你不會飛,叫我們怎樣帶你去呢?」

過了一會,野鴨說:「有了、有了!我們用一根棒,

繁与简

這(这)　會(会)
時(时)　飛(飞)
歲(岁)　樣(样)
鴨(鸭)　過(过)
帶(带)
烏(乌)
龜(龟)
隻(只)
兩(两)
條(条)
邊(边)
乾(干)
處(处)
說(说)
裏(里)
請(请)
罷(罢)

銜著棒的兩頭，你銜著棒的中間；那就可以帶你飛了。」烏龜說：「很好、很好！」野鴨說：「不過我們大家要記好：千萬不要開口講話！如果一開口，龜兄的性命就不保了。」烏龜說：「我一定不開口，我一定不開口。」

商量定了，於是兩隻野鴨銜著棒的兩頭，烏龜銜著棒的中

繁与简

銜（衔） 頭（头） 間（间） 們（们） 記（记） 萬（万） 開（开） 講（讲） 於（于）

間，漸漸的飛起來。

三十四　誰叫你開口的？

兩隻野鴨扛著烏龜在空中飛。經過一棵樹的頂上，烏龜想說：「飛得好高呀！」但是猛然想起「不要開口」的警告，就不說了。後來又經過一座塔的尖頂，烏龜想問：「那是什麼東西？」但是又想起「不要開口」的警告，也不說了。

後來經過一個村莊，許多農夫都擡頭望他們，齊聲說：「看呀、看呀！兩隻野鴨扛著一隻烏龜！」

繁与简

漸（渐）誰（谁）開（开）兩（两）隻（只）鴨（鸭）烏（乌）龜（龟）飛（飞）經（经）過（过）樹（树）頂（顶）説（说）後（后）問（问）麽（么）

東（东）個（个）莊（庄）許（许）農（农）擡（抬）頭（头）們（们）齊（齐）聲（声）

許多小孩也說：「眞奇怪！眞奇怪！」這時烏龜把甚麼事情都忘記了，就開口說：「呸！笨人！……」話還沒有說完，骨碌碌的跌下來，傷了性命。

兩隻野鴨在空中歎道：「唉！龜兄，誰叫你開口呢？……」

三十五 做好事的善人

一個老翁，清早起來，把一塊大石頭，放在住宅旁的大路上。自己躲在籬笆裏，察看過路的人對他怎樣。

繁与简

這（这） 時（时） 甚（什） 話（话） 還（还） 傷（伤） 歎（叹） 個（个） 來（来） 塊（块） 頭（头） 籬（篱） 裏（里） 過（过） 對（对） 樣（样）

一會兒，一個年老的商人，走過這裏。不留心，幾乎被石頭絆跌。但是他站定了，並不搬開大石，駡一聲「可惡！」就過去了。

又一會兒，一個年輕的兵士，走過這裏。不留心，被石頭絆跌了。但是他站起來，也不搬開大石；駡一聲「可惡！」也過去了。

到傍晚的時候，一個男孩子走過；一看見那石頭，就自言自語道：「天快要黑了。黑暗裏有人走過，被他一絆，豈不要跌死嗎？」說著，就把那石頭

繁与简

會（会）兒（儿）這（这）幾（几）絆（绊）並（并）開（开）駡（骂）聲（声）惡（恶）輕（轻）時（时）見（见）豈（岂）嗎（吗）

用力搬開。

那孩子搬開了石頭，看見底下有一朶大紅的鮮花；花旁邊還有一張白紙片子，寫著一行字道：

「做好事的善人！這鮮花是我送給你的。」

三十六 金籃子（短劇）

瓊兒在樹林裏採桑葚，採滿一籃，正要回去，一個老人提了空籃進來。

老人 「好孩子，你採著桑葚嗎？」

瓊兒 「我採滿一籃了，你呢？」

老人 「我一點也沒有。」

繁与简

紅（红） 嗎（吗）
鮮（鲜） 點（点）
邊（边）
還（还）
張（张）
紙（纸）
寫（写）
給（给）
籃（篮）
劇（剧）
瓊（琼）
兒（儿）
樹（树）
採（采）
滿（满）
個（个）
進（进）

瓊兒　「你爲什麼不去採?」

老人　「我找不著有桑葚的桑樹.」

瓊兒　「裏面桑葚很多,我領你去採.」

老人　「謝謝你!我身體很疲倦,走不動了.」

瓊兒　「我把我的桑葚給你罷.——老伯伯!」

老人　「我不要.你拿回去罷.你的媽媽在家裏望你哩.」

瓊兒　「你拿去罷.我好再去採的.」

老人　「可愛的孩子,你眞好呀!你的籃子給我,你拿我的籃子去罷.」

老人和瓊兒換籃子.瓊兒接了老人的空籃子.

繁与简

為(为)　麼(么)　裏(里)　領(领)　謝(谢)　體(体)　動(动)　給(给)　罷(罢)　媽(妈)　愛(爱)

瓊兒　「老伯伯！你的籃子是新的。」

老人　「不要緊。你快去採桑葚罷。我現在要休息了。」

老人坐在地上打瞌睡。瓊兒要去採桑葚。母親上來。

母親　「瓊兒！你出來好久了，桑葚還沒有採著嗎？——啊！怎麼還是一個空籃子？」

瓊兒　「我採著的桑葚，都送給那位老人了。」

母親　「啊！怎麼把自己的東西，送給別人呢？這東西是我們當晚飯用的呀！」

瓊兒　「那位老伯伯，身體很疲倦，採不動桑葚了，所以我把桑葚送給他。我想再去採。」

繁与简

緊（紧）　親（亲）　來（来）　還（还）　東（东）　們（们）　當（当）　飯（饭）

母親「這倒不錯！你知道幫助老年人很好、很好！」

瓊兒「老伯伯的籃子換給我了．你看，這是新的．」

母親「啊！這是一個金籃子呀！」

瓊兒「是金籃子！那末，我們應該還給他．」

母親「是呀！你去還他；我們不好拿別人的貴重東西．」

瓊兒搖動打瞌睡的老人．

瓊兒「老伯伯！老伯伯！醒來，醒來！還你的金籃子．」

老人站起來．

老人「好孩子！我是有錢的人，今天特意出來頑頑，想把這金籃子送給好人．現在碰著你，所以送給你．你拿去罷！」

繁与简
這（这） 錯（错） 幫（帮） 應（应） 該（该） 貴（贵） 錢（钱） 頑（顽） 罷（罢）

三十七　朱姓人家

朱姓人家嫁女兒，陳姓人家娶老婆。人也多，客也多，為何不殺鵝？

鵝說道：「鵝蛋一窠十七八，為何不殺鴨？」

鴨說道：「新生鴨子骨連皮，為何不殺雞？」

雞說道：「五更啼到大天光，為何不殺羊？」

羊說道：「毛料年年剪一簍，為何不殺狗？」

狗說道：「乖乖寶貝和我耍，為何不殺馬？」

馬說道：「一年給人騎到頭，為何不殺牛？」

繁与简

兒（儿）　陳（陈）　為（为）　殺（杀）　鵝（鹅）　説（说）　鴨（鸭）　連（连）　雞（鸡）　簍（篓）　寶（宝）　貝（贝）　馬（马）　給（给）　騎（骑）　頭（头）

牛說道：「我耕田地你收租，為何不殺豬？」
豬說道：「今天大家快樂多，為何獨殺我？」

三十八　狡滑的狐狸

狐狸要吃鵲窠裏的小鵲子。但是不會爬樹。狐狸哄老鵲子說：「哼！我要爬上樹去吃你的兒子了。」老鵲子央他不要上來。他說：「你丟一隻小鵲子下來給我吃；我就不上去。不然，我要上去把你的兒子統統吃掉。」老鵲子沒法；只得咽著眼淚依了他。

繁与简

豬（猪）　樂（乐）　獨（独）　鵲（鹊）　裏（里）　會（会）　樹（树）　說（说）　兒（儿）　來（来）　隻（只）　給（给）　統（统）　淚（泪）

明天，狐狸又到樹下來哄老鵲子。老鵲子又把一隻小鵲子丟下來給他吃。後天也是這樣。一連吃掉四隻小鵲子。

後來百靈鳥來了，老鵲子哭喪著臉把這傷心的事情告訴他。百靈鳥說：「呸！你笨極了！狐狸會爬樹嗎？他如果再來，你不睬他就罷了。」

明天，狐狸又來了，老鵲子不睬他。狐狸沒法，只得餓著肚子、咽著饞唾、回去。

三十九 百靈鳥

繁与简

後（后） 這（这） 樣（样） 連（连） 靈（灵） 鳥（鸟） 喪（丧） 臉（脸） 傷（伤） 訴（诉） 極（极） 罷（罢） 餓（饿） 饞（馋）

狐狸躺在樹底下,假裝死的樣子;要等樹上的鵲子飛下來,好跳起來捉他吃.

百靈鳥看見了,警告鵲子說:「你們不要上他的當!他不是眞死,是詐死呀!你們看他的肚子微微的動,在那裏呼吸哩.」鵲子聽了他的話,都不敢飛

繁与简

樹(树) 裝(装) 樣(样) 鵲(鹊) 飛(飞) 來(来) 靈(灵) 鳥(鸟) 見(见) 説(说) 們(们) 當(当) 詐(诈) 動(动) 裏(里) 聽(听) 話(话)

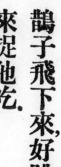

下去；狐狸只得站起來走開．

過了一天，狐狸走過麥田旁，看見百靈鳥從麥田裏飛起來．狐狸想：「他一定住在田裏，明天我一早過來捉他罷．」

明天，狐狸到田裏去捉百靈鳥．百靈鳥因爲昨天看見他探頭探腦，料他不懷好意．早已搬家到別處去了．

四十　世界上最聰明的鳥

一隻喜鵲歇在樹上．一隻狐狸經過樹下．喜鵲

繁与简
開（开）過（过）麥（麦）從（从）罷（罢）為（为）頭（头）腦（脑）懷（怀）處（处）聰（聪）鳥（鸟）隻（只）鵲（鹊）樹（树）經（经）

說："狐先生!你是世界上最狡滑的野獸.但是你知道世界上最聰明的鳥是誰呢?"狐狸說:"我看你身體很玲瓏,走路好像仙女;我想你一定是世界上最聰明的鳥."

喜鵲聽了,就飛下樹來,在狐狸面前走幾步.狐狸說:"仙女恐怕也不及你玲瓏.鵲小姐!你眞是世界上最美麗、最聰明的鳥呀!"喜鵲更加歡喜.

狐狸說:"我有一個問題:將來天氣冷了,冷風吹來,你那很嬌嫩的臉子,怎樣禁得起呢?"喜鵲

繁与简

說（说）獸（兽）誰（谁）體（体）瓏（珑）聽（听）飛（飞）幾（几）麗（丽）歡（欢）個（个）問（问）將（将）氣（气）風（风）嬌（娇）臉（脸）樣（样）

說:「不要緊.我的頭會藏到翅膀裏去的.」狐狸說:「好奇怪!你翅膀裏難道有小屋子嗎?」喜鵲說:「你不信,我試給你看.」喜鵲就把頭藏在翅膀裏.狐狸趁這時候.跳上去把喜鵲抓住.

四十一　知更雀的窠

春天的早上,知更雀跳進花園,四面望望.玫瑰花說:「知更雀,你找什麼?」知更雀說:「我找可以藏身的地方.」玫瑰花說:「你就藏在我的花下罷.」知更雀說:「不,你的花離地太近,

繁与简

緊(紧)　頭(头)　會(会)　裏(里)　難(难)　嗎(吗)　試(试)　給(给)　這(这)　時(时)　進(进)　園(园)　説(说)　麼(么)　罷(罢)　離(离)

不是安全的地方.」

蓮花聽見了說:「你就藏在我的大葉子下罷.」知更雀說:「不,你的葉子離水太近,不是安全的地方.」

老蘋果樹說:「我的粗枝上,再安全也沒有了,請你飛上來罷.」知更雀說:「好的,好的,我就在此地做窠罷.」

繁与简

蓮（莲）聽（听）見（见）葉（叶）蘋（苹）樹（树）請（请）飛（飞）來（来）

知更雀就在蘋果樹上做窠，時常唱快樂的歌。

四十二 知更雀的歌

安全，安全、看我的窠兒在樹巔。
四面空氣新鮮；花兒朵兒萬萬千；
色豔香濃玫瑰好；葉密枝高蘋果甜；
這是神仙家的花園，我就是花園裏的神仙。
我在此唱歌、跳舞；我在此早起、夜眠；
我在此生男、育女；我在此月月、年年；
安全、安全，看我的窠兒在樹巔。

繁与简

時（时） 樂（乐） 兒（儿） 巔（巅） 氣（气） 鮮（鲜） 萬（万） 豔（艳） 濃（浓） 葉（叶） 蘋（苹） 這（这） 園（园） 裏（里）

四十三 好運氣

周三和鄭大,同坐在蘋果樹下閒談.

鄭大說:「蘋果如果長得和西瓜一樣大,豈不更好.」周三說:「是呀,西瓜如果長在蘋果樹上,一定愈加好.」

正在說話的時候,一陣大風吹來,樹上落下來幾個蘋果.一個打中鄭大的頭,一個打中周三的鼻子.

鄭大說:「好運氣!蘋果如果長得和西瓜一樣

繁与简

運(运) 氣(气) 鄭(郑) 蘋(苹) 樹(树) 閒(闲) 談(谈) 說(说) 長(长) 樣(样) 豈(岂) 話(话) 時(时) 陣(阵) 風(风) 來(来) 幾(几) 個(个) 頭(头)

大，現在我的頭一定打得腦漿迸出了。」周三說：「好運氣！西瓜如果長在蘋果樹上，現在我的鼻子一定打壞了。」

四十四　留心不要走近他

山上的風車，一天到晚轉動。林子裏一羣老鴉，恐怕被他傷害，要把他撤去。因此就在林子裏開一個撤去風車的會議。

主席的老鴉說：「諸位朋友，請看那風車，老在我們面前轉來轉去，是何等的可怕呀！今天開會，

繁与简

腦（脑）漿（浆）壞（坏）風（风）車（车）轉（转）動（动）裏（里）羣（群）鴉（鸦）傷（伤）開（开）個（个）會（会）議（议）説（说）諸（诸）請（请）

打算把他撤去．但是用什麼方法呢？請諸位發表高見！」

小鴉說：「我們等風車停止的時候，飛過去，把他啄得粉碎，豈不爽快？」許多小鴉都拍手贊成．

一隻聰明的老鴉說：「風車在山上，曾經離開他的地位嗎？」許多

繁与简

麼（么）發（发）見（见）們（们）時（时）飛（飞）過（过）豈（岂）許（许）贊（赞）隻（只）聰（聪）經（经）離（离）嗎（吗）

小鴉說：「沒有.」這老鴉說：「他曾經追過你們嗎？」小鴉說：「也沒有.」這老鴉就說：「那末，他是不能傷害你們的.」

別的老鴉說：「倘若我們走近他，他的長手就要打死我們.」這老鴉說：「你們不走近他，他也會打死你們嗎？」大家說：「那是不會的.」這老鴉說：「那末，你們只要留心不走近他就是了.」

四十五　好狡滑的東西

狐狸伸脚到河裏去摸蟹，被躲在河裏的鱷魚

繁与简

這（这）長（长）東（东）裏（里）躲（躲）鱷（鳄）魚（鱼）

咬住脚爪。狐狸心裏很急，只得故意笑道：「鰐魚君，你咬著一根蘆葦，當做我的脚；嫩嗎？」鰐魚想：「錯了！」就忙把狐狸的脚爪放了。狐狸一面逃，一面喊道：「鰐魚君，謝謝你，謝謝你放了我！」鰐魚知道被騙，歎道：「好狡猾的東西！」

過了一星期，狐狸又到水灘上去找蟹。他怕鰐

繁与简

蘆（芦）　葦（苇）　當（当）　嗎（吗）　錯（错）　謝（谢）　騙（骗）　歎（叹）　過（过）　灘（滩）

魚躲在水裏，故意說道：「咦！今天沙灘上沒有蟹，水面上也看不見一隻蟹的影子，難道蟹都捉完了嗎？」鱷魚聽了，忙把他的嘴尖掀起來，露在水面上，假裝蟹的樣子，等狐狸來撈．狐狸一看見，轉身就逃，嚷著說：「鱷魚君，謝謝你，謝謝你肯關照我！」鱷魚知道被騙，又歎道：「好狡猾的東西！」

四十六　大風浪裏的蛀蟲

風很大，雨很大，海岸邊的潮水也很大．

野鼠恐怕海岸倒，招呼他的同類搬家．蟋蟀恐

繁与简

說（说）見（见）隻（只）難（难）聽（听）來（来）樣（样）撈（捞）轉（转）關（关）歎（叹）風（风）裏（里）蟲（虫）邊（边）類（类）

怕海岸倒，也招呼他的同類搬家。螞蟻、地鼈、恐怕海岸倒，也都招呼他的同類搬家。

許多動物都搬家了，一羣蛀蟲還在楊樹上咬樹根。

一隻水獺對蛀蟲說：「水淹來了，你們趕快逃命罷。」

蛀蟲說：「怕什麼！我們會爬到樹頂上去的。」

繁与简

螞（蚂） 麼（么）
蟻（蚁） 會（会）
鼈（鳖） 頂（顶）
許（许）
動（动）
羣（群）
還（还）
楊（杨）
樹（树）
隻（只）
獺（獭）
對（对）
説（说）
來（来）
們（们）
趕（赶）
罷（罢）

一隻白鷺對蛙蟲說：「水淹來了，你們趕快避難罷。」蛙蟲說：「怕什麼！我們會爬到樹頂上去的。」

青蛙、螃蟹、也警告蛙蟲；蛙蟲都不聽。

風更大了，雨更大了，潮水也更大了，海岸淹在水裏，楊樹也倒在水裏，蛙蟲都淹死了。

四十七　風不吹

風不吹，雨不飄，白日落，青天高。

我願我們生羽毛，飛到天空去賽跑。

繁与简

鷺（鹭）
難（难）
聽（听）
風（风）
飄（飘）
願（愿）
們（们）
飛（飞）
賽（赛）

白的雲，當做船兒搖；
圓的月，當做毬兒拋；
平平的星天，當做銀花毯子一大條；
我們湊上去，打幾個滾兒跳幾跳．

四十八　微光

太陽落下去了，路上的電燈，微微的發光．
一隻蝙蝠飛到電燈旁，問電燈說：「你的光，比太陽差得很遠，你有什麼用處呢？」電燈說：「你不覺得路上黑暗嗎？這裏如果沒有我，走路的人

繁与简

雲（云）　飛（飞）
當（当）　問（问）
兒（儿）　説（说）
圓（圆）　遠（远）
毬（球）　麽（么）
銀（银）　處（处）
條（条）　覺（觉）
們（们）　嗎（吗）
湊（凑）　這（这）
幾（几）　裏（里）
個（个）
滾（滚）
陽（阳）
電（电）
燈（灯）
發（发）
隻（只）

就要相撞了.」蝙蝠說:「不錯.」

蝙蝠飛到屋子裏的火油燈旁,問火油燈說:「你的光,還比不上電燈,你有什麼用處呢?」火油燈說:「你不覺得屋子裏黑暗嗎?這裏如果沒有我,屋子裏的人就不能做事情了.」蝙蝠說:「不錯.」

蝙蝠飛到內室裏的蠟燭旁,問蠟燭說:「你的光,更比不上火油燈,你有什麼用處呢?」蠟燭說:「我最輕便,可以給人家帶來帶去,在荒村、在小

繁与简

錯(错) 飛(飞) 還(还) 蠟(蜡) 燭(烛) 輕(轻) 給(给) 帶(带) 來(来)

船裏、不能裝電燈，不便帶火油燈的地方，我最有用處。」蝙蝠說：「不錯。」

蝙蝠聽了電燈、火油燈、和蠟燭的回答，想道：「光頭不論大小，都是有用的。」

四十九　我的牀

我的牀兒好像船，
我夜夜要向這船裏鑽。
我上船，正要開船去，
母親送我在船邊。
閉上小眼睛，不見母親面；

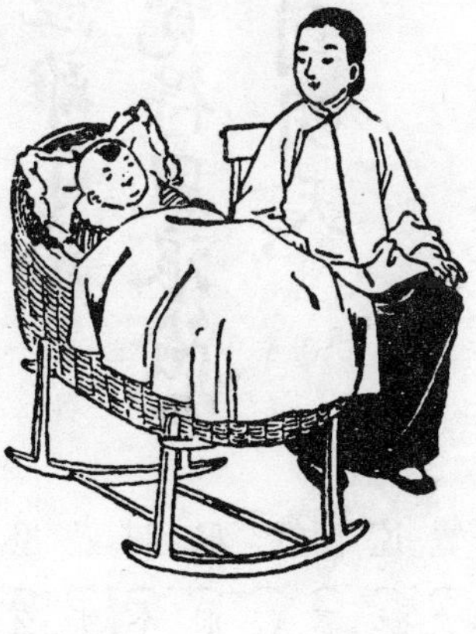

繁与简

裝（装）聽（听）頭（头）論（论）牀（床）兒（儿）這（这）裏（里）鑽（钻）開（开）親（亲）邊（边）閉（闭）見（见）

母親說什麽，我也不聽見。
這個時候我的船，或者已經離了岸，
不知行的路程多少遠，也不覺得風浪險。
又平穩，又安全，過一夜，到明天，
我的船兒仍舊在窗前。
睜著眼睛看，忙把母親喚。
說一聲：「媽媽早安，我已回轉。」

五十　時辰鐘爲什麽不睡覺？

小孩子不肯好好的睡覺。他的母親說：「你眞

繁与简

說（说）　鐘（钟）
麽（么）　為（为）
聽（听）
個（个）
時（时）
經（经）
離（离）
遠（远）
覺（觉）
風（风）
險（险）
穩（稳）
過（过）
舊（旧）
聲（声）
媽（妈）
轉（转）

是一個不好的孩子，人家都睡了，你還不肯睡。」小孩子說：「那末，你爲什麼不睡覺呢？」母親說：「我要等你睡著了，給你把被窩蓋好。」

老鼠「吱吱吱」在衣橱頂上叫。小孩子說：「媽呀！老鼠還沒有睡呢！」母親說：「他因爲沒有吃東西；等到吃飽了，就要睡的。」

貓聽見老鼠叫，也「咪嗚咪嗚」叫。小孩子說：「媽呀！貓還沒有睡哩。」母親說：「他因爲要捉

繁与简

個（个）還（还）説（说）麽（么）覺（觉）親（亲）給（给）窩（窝）蓋（盖）頂（顶）媽（妈）東（东）飽（饱）貓（猫）聽（听）見（见）嗚（呜）

老鼠；等到捉著了，就要睡的。」

狗聽見貓叫，也「汪汪汪汪」叫。小孩子說：「媽呀！狗還沒有睡哩。」母親說：「他因爲要看家；等到沒有響聲，就要睡的。」

壁上的時辰鐘「的答的答」響。小孩子說：「媽呀！時辰鐘爲什麼不睡覺呢？」母親不能回答了。

同學們！你們能替他回答這小孩子的問題嗎？

繁与简
為（为）
響（响）
聲（声）
時（时）
學（学）
們（们）
問（问）
題（题）
嗎（吗）

第六册

一 小星星

小星星，亮晶晶．千顆萬顆數不清．
好像青石板上釘銅釘．
我要把他拔下來，
可惜梯短天高不可登！

小星星，亮晶晶．
閃閃爍爍到天明．
好像許多仙人睜眼睛．
他來看着我們睡，要我夢中安穩心不驚．

繁与简

顆（颗）萬（万）數（数）釘（钉）銅（铜）來（来）閃（闪）爍（烁）許（许）們（们）夢（梦）穩（稳）驚（惊）

二　玩偶阿桂的生日

黃建人招呼他的妹妹說：「建坤，我們來給玩偶做生日罷。」建坤說：「給阿桂做生日嗎？好的、好的！」他的弟弟建羣說：「我也要和你們一起頑。」建人說：「好，你做客人，給阿桂道賀。」

大家商量定了：建人把長凳當桌子，把花生、栗子、餅乾當筵席，布置在廊簷下。建坤拿了一套親手做成的小衣服，給玩偶穿穿好了，抱他坐在桌子旁邊。建羣的禮物也送來了，原來是一隻紙做

繁与简

說（说）　隻（只）　們（们）　紙（纸）　來（来）　給（给）　罷（罢）　嗎（吗）　羣（群）　頑（顽）　賀（贺）　長（长）　當（当）　餅（饼）　乾（干）　簷（檐）　親（亲）　邊（边）　禮（礼）

的船.

一會兒,建人、建坤、建羣、一個一個向玩偶道賀.嘴裏都說:「阿桂,恭喜、恭喜!」

三 井底蛙的見識

鄒生的算術成績很好,就自命爲算學家.姐姐對他說:「你知道井底蛙嗎?蛙在井底,張眼望天,只看見天的大小和井口一樣;他以爲天不過如此.後來有人用弔桶打水,把他帶出來,纔知道天是沒有邊際的.算學是一種高深的學問,有的人

繁与简

會(会) 兒(儿) 個(个) 裏(里) 見(见) 識(识) 鄒(邹) 術(术) 绩(绩) 為(为) 學(学) 對(对) 説(说) 嗎(吗) 張(张) 樣(样) 過(过)

後(后) 弔(吊) 帶(带) 纔(才) 邊(边) 際(际) 種(种) 問(问)

學了幾十年，還不敢自命爲算學家；你剛才學到初步，就自以爲是，這不是井底蛙的見識嗎？」

四　城裏的小孩子

鄉村裏的小孩子，穿了不時式的布衣服，走到城裏去。城裏的小孩子看見了，常常笑他說：「嚇！鄉下人！」

城裏的小孩子，走到鄉下去，看見什麼事，都覺得很希奇。「看呀！很大的鐮刀，飛也似的把麥割下來，一捆一捆排在地上。」「看呀！牛在那裏拉

繁与简
幾（几）還（还）剛（刚）裏（里）鄉（乡）時（时）見（见）説（说）嚇（吓）麼（么）覺（觉）鐮（镰）飛（飞）麥（麦）

水車，把河裏的水弄到田裏來了。」「看呀！水田裏有許多人在那裏插秧哩。一會兒，一叢一叢的秧，插得滿田都青了。」

他們自以爲很聰明，但是一到了鄉下，什麼都不曉得。

繁与简

車（车） 來（来） 許（许） 會（会） 兒（儿） 叢（丛） 滿（满） 們（们） 為（为） 聰（聪） 曉（晓）

五　到了鄉下給父親的信

父親大人：

我們現在很平安的到了舅舅家裏了。鄉下的屋子，雖然很小；但是屋子以外的天地却很大。高高低低的田地，整整齊齊的作物，淡淡的遠山，淙淙的流水，……都是城市裏看不見的。

外祖父母以下的人，待我都很好。蠶豆、麥粉、以及各種蔬菜、瓜果，我們天天吃得著。我們回家的時候，一定帶些鄉下的東西來送給你。

這裏村莊人家，養牛的很多。我現在要跟舅舅去

繁与简

鄉（乡）莊（庄）給（给）養（养）親（亲）們（们）現（现）裏（里）雖（虽）齊（齐）遠（远）見（见）蠶（蚕）麥（麦）種（种）時（时）帶（带）東（东）這（这）

放牛了；我想牽了牛繩，慢慢的走到山脚下去，一定很有趣的。

母親、弟弟、以及外祖父、母……統統平安，不必掛念。

父親，再會！

男 建人 上 月 日

六 小孩子幫老農夫

俞之春是一位村莊上的老農夫。有一回，這老農夫，用盡兩臂的氣力，推著一車子的麥，到街坊上去賣。剛走到市梢頭的狹路上，車輪被一個缺口擋住了，推不過去。俞之春推得

繁与简

牽（牵） 輪（轮） 繩（绳） 個（个） 統（统） 擋（挡） 掛（挂） 過（过） 會（会） 幫（帮） 農（农） 莊（庄） 這（这） 盡（尽） 氣（气） 車（车） 麥（麦） 賣（卖） 剛（刚） 頭（头） 狹（狭）

氣喘不停，汗點兒像雨點一樣.

這時候，有五個小孩子，走過這裏，對俞之春說：「老伯伯，我們來幫助你罷.」於是五個小朋友，圍在車子的前面，用盡他們的小氣力，拉那車子.俞之春也用力推，那車子就被他們弄過去了.

繁与简

點（点） 兒（儿） 樣（样） 時（时） 過（过） 裏（里） 對（对） 說（说） 們（们） 罷（罢） 於（于） 圍（围）

七 山歌

(一)

你也勤來我也勤，二人同心土變金。

你要行船我發水，你要下雨我鋪雲。

(二)

一根竹竿容易彎；三縷棉紗拉斷難。

猛虎落在平陽地，不愁力小怕孤單。

八 聰明的農夫(一)

有一個農夫，養著一匹耕田的好馬。

某天晚上，那馬忽然被賊偷去了，農夫心裏非常懊惱！

繁与简

來（来） 賊（贼） 變（变） 裏（里） 發（发） 惱（恼） 鋪（铺） 雲（云） 彎（弯） 縷（缕） 紗（纱） 斷（断） 難（难） 陽（阳） 單（单） 聰（聪） 農（农） 個（个） 養（养） 馬（马）

過了一天，農夫趕到離家十五里遠的馬市上去，要想另買一匹馬來用。不料走到馬市上，仔細一看，那失去的馬，却也在馬羣中間。農夫歡喜極了，就拉了繮繩，大叫道：「這馬是我的，是我前天失去的！」旁邊一個不相識的人叫道：「嚇！老兄，你看錯了！這是我的馬，我已經養了一年多了。或者這馬和你的馬有點相像罷了。」

九　聰明的農夫（二）

農夫急忙用兩手把馬的眼睛掩住，對那個人

繁与简

過（过）　錯（错）
趕（赶）　經（经）
離（离）　點（点）
遠（远）　罷（罢）
買（买）　聰（聪）
來（来）　農（农）
細（细）　兩（两）
羣（群）　馬（马）
間（间）　對（对）
歡（欢）　個（个）
極（极）
繮（缰）
繩（绳）
這（这）
邊（边）
識（识）
嚇（吓）

說:「你養這匹馬已經多時,請問他的眼睛,那一隻是壞的!」那人隨便說:「是左眼.」農夫把掩住左眼的手放開,說:「哼!你看!壞的是左眼嗎?」那人不肯讓步,忙說:「不是、不是,是我說錯的.壞的是右眼.」農夫把掩住右眼的手也放開.大聲說:「我現在明白了.你就是偷馬的賊!請大家來看,這匹馬的眼睛,何嘗有一點病呢?」

旁邊看的人都笑起來,大家叫「捉賊!捉賊!」賊還了那匹馬,還要受警察官的懲罰.

繁与简

說(说) 嘗(尝) 養(养) 點(点) 這(这) 邊(边) 經(经) 還(还) 時(时) 懲(惩) 請(请) 罰(罚) 問(问) 隻(只) 壞(坏) 隨(随) 開(开) 嗎(吗) 讓(让) 錯(错) 聲(声) 賊(贼) 來(来)

十　蝴蝶的歌

起初、我是個毛蟲。
小孩們看見了我的醜陋形容，
往往把我丟在泥中。
後來、我變成蛹。
小孩們當我已經死了，沒中用。
不知道我實在是睡在那裏做夢。
現在、我已經褪殼成飛蟲。
小孩們看見我的美麗形容，

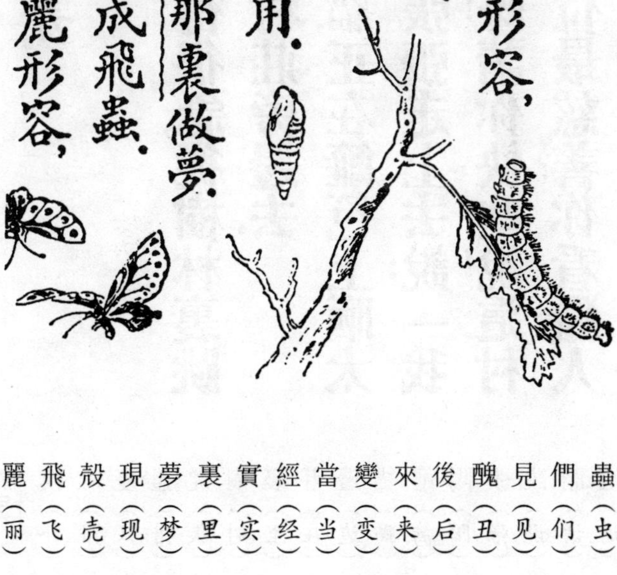

繁与简

個（个）蟲（虫）們（们）見（见）醜（丑）後（后）來（来）變（变）當（当）經（经）實（实）裏（里）夢（梦）現（现）殼（壳）飛（飞）麗（丽）

又恨不得把我撲在手中弄。

十一 誰肯救狼？（一）

一隻狼，被獵人和獵狗追得很急，從樹林裏跳出來，逃到村莊旁邊去。

一隻老貓，正在籬笆上晒太陽。狼慌慌張張走上去說：「我的好朋友呀！請你快些說這村莊裏那一位最慈善？你看獵人和獵狗追來了！我要去求他保

繁与简

撲（扑） 誰（谁） 隻（只） 獵（猎） 從（从） 樹（树） 裏（里） 莊（庄） 邊（边） 貓（猫） 籬（篱） 陽（阳） 張（张） 説（说） 請（请） 這（这） 裏（里） 來（来）

護哩.好朋友呀!請你快些々說!」

貓回答說:「你快到華文家裏去罷!華文先生最慈善,我想他一定能夠幫助你的.」狼嚷著說:「啊喲!我不能去的.上星期我殺過他家的羊,他很恨我.」

貓說:「那麼,你躲到華德家裏去罷!華德先生也很慈善,我想他一定能夠幫助你的.」狼搖頭說:「唉!我也不能去的.他也很恨我.因爲我吃過他家的豬.」

繁与简

護(护) 華(华) 罷(罢) 幫(帮) 喲(哟) 殺(杀) 過(过) 麼(么) 躲(躲) 頭(头) 為(为) 豬(猪)

十二 誰肯救狼？（二）

貓說：「那麼，你逃到那邊小屋子裏去罷！華賢先生住在裏面，他也很慈善，一定能够幫助你。」狼哭著說：「唉！我前天咬過他家的小馬，我是他的仇敵，他怎肯救我？好朋友呀！你看獵人快要追到了，請你再說一位罷！」

貓說：「那麼，你到華棟家裏去試試看！他也肯幫助人家的。」狼大哭說：「唉唉！我也咬過他家的小牛，也是他的仇敵。好朋友呀！這村莊裏面難

繁与简

誰（谁）　這（这）
貓（猫）　莊（庄）
説（说）　難（难）
麽（么）
邊（边）
裏（里）
罷（罢）
華（华）
賢（贤）
幫（帮）
過（过）
馬（马）
敵（敌）
獵（猎）
請（请）
棟（栋）
試（试）

道没有别人嗎?」

貓搖頭說:「沒有希望了!這村莊裏的好人都和你結怨,誰肯救你?你另外想法罷.」

貓說完了,尾巴一梟,就走開了.

十三　張大哥

張大哥,李大哥,出門碰著朋友多.

你打我来拖;你拍拍子我唱歌;

有飯大家吃;有酒大家喝.

不開花,那有果?落難的豺狼没處躲.

繁与简

嗎(吗)　頭(头)　結(结)　罷(罢)　梟(枭)　開(开)　張(张)　門(门)　來(来)　飯(饭)　難(难)　處(处)

十四　白大郎（一）

鼕鼕鼕！鐺鐺鐺！堂鑼花鼓鬧開場。一不唱、羊故事，二不唱、落難狼，三不唱、兔兒巧把驢兒救，單唱「虎咬恩人白大郎」。

一條猛虎在籠中，作揖連連叫白兄。「白兄呀！我從前本在山中住，却被獵人關入籠。如今骨瘦威風滅，不及東家的貓相公。你可能開籠放我回家去？我終不忘你恩人老祖宗」。

白郎聽，軟了心，把老虎輕輕放出門。不想出籠惡虎無情義，反要把白郎一口吞。

繁与简

鼕（冬）　鐺（铛）　鑼（锣）　鬧（闹）　開（开）　場（场）　難（难）　兒（儿）　驢（驴）　單（单）　條（条）　籠（笼）　連（连）　從（从）　獵（猎）　關（关）　風（风）

滅（灭）　東（东）　貓（猫）　終（终）　聽（听）　軟（软）　輕（轻）　門（门）　惡（恶）　無（无）　義（义）

白大郎，心不甘，口口聲聲喊着寃。沒有法兒擋猛虎，只得央虎去同參五判官。

十五　白大郎（三）

第一判官是老榕，他説：「人心實在兇！靠我乘涼却又砍我椏枝去，誰説虎吃恩人理不通？」

第二判官是老騾，他説：「虎吃恩人算什麼。好比如今主人虐待我，忘了我以前辛苦把人馱。」

第三判官是老鷹，他説：「如果老虎吃人理不應，那麼人們何故裝槍來打我，我在高山也不太平？」

繁与简

聲（声）寃（冤）兒（儿）擋（挡）參（参）説（说）實（实）兇（凶）涼（凉）椏（桠）誰（谁）騾（骡）麼（么）馱（驮）鷹（鹰）應（应）裝（装）槍（枪）來（来）

第四判官是老魚，他說：「虎兄該把惡人除！否則鐵網鋼叉撈打我，我在水裏也不安居。」老虎聽，心喜歡，叫聲：「白兄呀！你好比魚兒上了釣竿。四個判官都說了，再見第五個判官也徒然。」

白大郎，淚汪汪，作揖連連叫虎大王。「大王呀！再等第五個判官說一句，你就吃我也不妨。」

十六 白大郎（三）

第五個判官是孩童，他說：「下判辭最好不憑空，請兩兄先把前情演一遍，好教我誰是誰非判

繁与简

魚（鱼） 連（连）
該（该） 説（说）
惡（恶） 辭（辞）
則（则） 憑（凭）
鐵（铁） 請（请）
網（网） 兩（两）
鋼（钢） 誰（谁）
撈（捞）
裏（里）
聽（听）
歡（欢）
聲（声）
兒（儿）
釣（钓）
個（个）
見（见）
淚（泪）

得公。「白兄呀！你以前是否站在籠門外？虎哥呀！你以前是否在籠中？」

猛虎聽了跳入籠中間，

抖擻擻的白郎也走近前。

孩童分付白郎忙動手，

關了籠門下了閂。

他說：「畜生呀！如今請你仍舊籠中住，關上的籠門不再開。這叫做落坑的惡狗不該救，逃難的豺狼救不該」。

繁与简

籠（笼）門（门）聽（听）間（间）擻（擞）動（动）關（关）閂（闩）舊（旧）開（开）這（这）惡（恶）該（该）難（难）

十九　爭驢子的影子

客人雇了驢子，騎著在路上走。因爲天氣很熱，停下來休息。但是半路上沒有遮蔽太陽的地方，他就坐在驢子的影子裏。這驢子的影子，只能遮蔽一個人；客人坐下了，驢夫就坐不下。因此驢夫和客人鬥起口來了。

驢夫說：「我把驢子租給你，難道驢子的影子也租給你的嗎？」客人說：「我出錢雇你的驢子，自然驢子的影子也該歸我。」兩個人你一句，我一句，不肯相讓，就動手打起來了。

繁与简

驢（驴）騎（骑）為（为）氣（气）熱（热）陽（阳）裏（里）這（这）個（个）鬥（斗）來（来）説（说）給（给）難（难）嗎（吗）錢（钱）該（该）歸（归）兩（两）個（个）讓（让）動（动）

兩個人正在吵鬧，驢子被他們一嚇，跳起來就逃。驢夫和客人趕忙去追，追得渾身是汗，方才追著了。

二十　波斯國王的新衣（一）

波斯國王預備著許多金錢，雇了兩個織工，承造最美麗的衣料。這兩個織工，自己說：「我們所織的衣料，平常沒有福分的人，看不出來。就是做大官的，也要有點福分，方才看得見。」國王大喜。兩個織工，把國王給他們的原料，藏在自己箱

繁与简

鬧（闹）　點（点）
們（们）　見（见）
嚇（吓）　給（给）
趕（赶）
渾（浑）
國（国）
預（预）
備（备）
許（许）
錢（钱）
兩（两）
個（个）
織（织）
麗（丽）
這（这）
説（说）
來（来）

子裏,却天天對著織機,七上八下的做手勢.
過了幾天,國王派一大臣,到他們那裏去稽查.
兩個織工問他:「你能够看見美麗的衣料嗎?」
那大臣實在看不見,但是怕人家說他沒有福分,
就連忙說:「看見的,看見的,看得很清楚.」兩個
織工說:「哦!你的福分眞大呀!」那大臣就回去
報告國王,說:「衣料已經織得不少了.」

二十一 波斯國王的新衣(二)

過了幾天,波斯國王又派一位親信大臣去稽

繁与简

裏(里) 對(对) 機(机) 勢(势) 過(过) 幾(几) 們(们) 問(问) 實(实) 連(连) 報(报) 經(经) 國(国) 親(亲)

查.織工指著空機問他:「花樣雅緻嗎?顏色鮮美嗎?」這位大臣也怕人家說他沒福分,看不見衣料;只得隨口答應:「雅緻的,鮮美的.」織工又說了許多鬼話;那位大臣留心聽了,回去報告國王.

過了幾天,國王又派一位很精明的大臣去稽查.這位精明的大臣,也和以前兩個大臣一樣,聽了織工的鬼話,回來報告國王.

美麗的衣料,鬧得全市的人都知道了,國王自己也想去看看.國王到了織工那裏,看不見什麼.

繁与简

織(织)　過(过)
機(机)　幾(几)
問(问)　兩(两)
樣(样)　麗(丽)
緻(致)　鬧(闹)
嗎(吗)　裏(里)
顏(颜)　麼(么)
鮮(鲜)
這(这)
説(说)
見(见)
隨(随)
應(应)
許(许)
話(话)
聽(听)
報(报)

跟隨的官員，却怕國王知道他們的福分小，都瞎說：「花樣眞雅緻呀！顏色眞美麗呀！……」國王暗暗吃驚，他想：「他們都看得見，我却看不見，難道我沒有福分，不配做國王嗎？但是這却不能給旁人知道的。」因此也稱讚一番，很失意的回到宮裏。

二十三　波斯國王的新衣（三）

織工宣告衣料已經織完了，把剪刀空剪、空裁，把針線空縫、空刺，算是給波斯國王做新衣。

繁与简

們（们）
驚（惊）
難（难）
給（给）
稱（称）
讚（赞）
國（国）
織（织）
經（经）
針（针）
線（线）
縫（缝）

過了幾天，國王領了大小官員，親自來看新衣。織工裝做拿衣的樣子，指點著說：「這是褲子，這是褂子，這是外套……」許多人實在都看不見，却一樣恐怕人家說他沒福，都「隨聲附和」的叫好。

織工請國王穿新衣，國王看不見什麼新衣，只得請他們代替動手。織工就裝出代替國王穿衣的樣子來，把國王做弄一回。大小官員齊聲說好。

國王傳令回宮，經過的地方，百姓們都出來看；

繁与简

過（过）聲（声）
幾（几）請（请）
國（国）麼（么）
領（领）們（们）
員（员）動（动）
親（亲）齊（齐）
來（来）傳（传）
裝（装）
樣（样）
點（点）
說（说）
這（这）
褲（裤）
許（许）
實（实）
見（见）
隨（随）

也怕旁人說他沒福，都嚷著說：「好美麗的衣服。」

二十三　波斯國王的新衣（四）

波斯國王自以爲穿了新衣，大小官員以及百姓們也都以爲國王穿了新衣。大家看不見，但是大家都不敢說看不見。

後來路旁一個小孩子，忽然嚷著說：「國王並沒有穿什麽新衣呀！」於是全市的百姓，也都議論這件事，以爲國王並沒有穿什麽新衣。

這時候，國王也有些疑心了，回到宮裏，平心靜

繁与简

麗（丽）　國（国）　為（为）　員（员）　們（们）　見（见）　説（说）　後（后）　個（个）　並（并）　麼（么）　於（于）　議（议）　論（论）　這（这）　時（时）　裏（里）

氣的問宮中人說：「我穿的新衣，你們看見嗎？」宮中人齊聲回答說：「沒有。」國王再問王后，王后也說：「沒有。」國王愈加疑惑了，立刻召集百官問他們：「到底看見新衣沒有？」百官到這時，方才說：「臣等福薄，實在看不見。」國王醒悟著說：「啊喲！上了織工的當了！實在我也看不見什麼新衣！」

國王吩咐左右，「快把織工拿來問罪。」但是兩個織工早已逃得無影無蹤了。

繁与简

氣（气）問（问）嗎（吗）齊（齐）聲（声）實（实）喲（哟）織（织）當（当）來（来）兩（两）無（无）蹤（踪）

二十四　皮匠

一個巧皮匠，沒有好鞋樣；
兩個笨皮匠，大家有商量；
「三個臭皮匠，合成諸葛亮。」
要想入地有門路，要想騰空生翅膀。

二十五　三椿難辦的事情（一）

從前鄉下有個富人，因爲家產很富，又娶了一位聰明的妻子，無論什麼疑難，都能够解決。所以心裏非常快樂，就在大門上貼著一副對聯：「幾

繁与简

個（个）裏（里）樣（样）樂（乐）兩（两）貼（贴）諸（诸）對（对）門（门）聯（联）騰（腾）幾（几）椿（桩）難（难）辦（办）從（从）鄉（乡）為（为）產（产）聰（聪）無（无）論（论）麽（么）

家能及我，萬事不求人。」

有一天，一個縣官經過這裏，看見這副對聯，暗想：「世界上竟有這樣誇口的人！」回到衙門裏，就派人去把富人請來問話。

富人到了，縣官對他說：「你大門上寫著「萬事不求人」的句子，我想你無論什麼事都做得到的。現在我有三樁事情要請你去辦：第一、要你織的布，像路那樣長；第二、要你釀的酒，像海水那樣多；第三、要你養的豬，像泰山那樣大。如果你不

繁与简

萬（万） 釀（酿）
個（个） 養（养）
縣（县） 豬（猪）
經（经）
過（过）
這（这）
見（见）
樣（样）
誇（夸）
門（门）
請（请）
來（来）
問（问）
話（话）
說（说）
寫（写）
織（织）

能辦，請你快把大門上的對聯取消了。」富人沒話可說，只得連連答應著「是！」

二十六　三樁難辦的事情（三）

富人回到家裏，悶悶不樂，要把門上的對聯取消。他的夫人問他是甚麼緣故？富人就把縣官的說話告訴他。夫人說：「這有什麼爲難？明天，你帶了一枝尺、一個斗、一桿秤，到衙門裏去見縣官；對他「……如此這般」說，他就不敢難爲你了。」

明天，富人果然照了夫人的計策，去見縣官。縣

繁与简

連（连）　話（话）
應（应）　訴（诉）
樁（桩）　這（这）
難（难）　為（为）
辦（办）　帶（带）
裏（里）　個（个）
悶（闷）　桿（杆）
樂（乐）　見（见）
門（门）　計（计）
對（对）
聯（联）
問（问）
甚（什）
麼（么）
緣（缘）
縣（县）
說（说）

官問他三樁事情辦得怎麼樣了？富人說：「都可做到。但是先要請長官把這尺去量一量路，我好照著織布；把這斗去量一量海水，我好照著釀酒；把這秤去秤一秤泰山，我好照著養豬。」縣官聽了，皺著眉頭說：「路那麼遠，怎好用尺量？海水那麼多，怎好用斗舀？泰山那麼大，怎好用秤秤呢？」

富人說：「那麼，沒有分量，叫我怎能織路一樣長的布，釀海水一樣多的酒，養泰山一樣大的豬呢？」縣官沒話可說，也只得放他回家。

繁与简

樣（样） 請（请） 長（长） 織（织） 釀（酿） 養（养） 豬（猪） 聽（听） 皺（皱） 頭（头） 遠（远）

二十七　刻舟求劍

從前楚國有一個人，帶了一把寶劍，到長江邊去趁船渡江。船到江心，那人靠著船舷，把寶劍拿在手裏玩弄；不料一脫手，那寶劍落到水裏去了。

那人很著急，忙在船舷上用指爪刻下一條痕迹，做個記號。船到江邊，停下了，那人就卸了衣服，從刻著痕

繁与简
劍（剑）從（从）國（国）個（个）帶（带）寶（宝）長（长）邊（边）裏（里）條（条）記（记）號（号）

迹的船舷那邊到水裏去．人家問他「做什麼？」他說：「我要去摸劍哩．我的劍是從這裏落下去的．」

你們想他用這方法去找劍，找得著嗎？

二十八　一袋蚌珠

第一天，早上，美得到海邊去，拾了一袋蚌珠回來；恐怕人家拿去，把蚌珠埋在地下．日裏，美得出去做工，先在那裏插了一面旗子，寫著「下面

繁与简

問（问）
麼（么）
説（说）
們（们）
這（这）
嗎（吗）
邊（边）
裏（里）
寫（写）

沒有蚌珠，不要來拿！」幾個字。他想：「寫明沒有蚌珠，要拿蚌珠的人一定不來拿了。」晚上，美得回家，豈知地下的蚌珠，已經丟了。

第二天，早上，美得又到海邊去，拾了一袋蚌珠回來；恐怕人家拿去，把蚌珠鎖在小匣子裏。日裏，美得帶了鑰匙去做工。他想：「沒有鑰匙，拿蚌珠的人一定不能開鎖了。」晚上，美得回家，蚌珠和小匣子又都丟了。

繁与简

來（来） 幾（几） 個（个） 豈（岂） 經（经） 鎖（锁） 帶（带） 鑰（钥） 開（开）

第三天，早上，美得再去找蚌珠，蚌珠可沒有了。

二十九　曲突徙薪

有一位客人，偶然到主人家裏，看看他們的廚房。只見他們竈上的烟囱是直的；竈門旁邊，併且堆著許多柴草。客人說：「這烟囱應該改得彎曲一點；竈門旁邊的柴草，也該搬開；這樣，才不會失火。」主人聽了他的話，並不在意。

不多幾天，主人家裏果然失火了。虧得左右鄰舍來救，方才把火弄息。

繁与简

裏（里）　們（们）　廚（厨）　竈（灶）　門（门）　邊（边）　併（并）　許（许）　説（说）　這（这）　應（应）　該（该）　彎（弯）　點（点）　開（开）　樣（样）　會（会）

聽（听）　話（话）　並（并）　幾（几）　虧（亏）　鄰（邻）

後來，主人殺了牛，備了酒，酬謝救火的人。請那被火燒得焦頭爛額的人坐在首席，算做上客；其餘的都挨著次序坐下。

有個人對主人說：「當初假使你聽了那位客人的說話，把烟囱改了，柴草搬了，那就沒有這回火災。現在事到如此，備酒請客，怎麼反把那位客人忘了呢？」主人被他提醒，才把那位客人請來。

三十 遇熊

甲乙兩個人，同在山裏遊玩。忽然山後來了一

繁与简

後（后） 殺（杀） 備（备） 謝（谢） 請（请） 燒（烧） 頭（头） 爛（烂） 額（额） 餘（余） 個（个） 對（对） 當（当） 災（灾） 現（现） 麼（么） 來（来） 兩（两） 裏（里） 遊（游）

隻熊。甲急忙爬到樹頂上去，躲在樹葉裏。乙不會爬樹，伸著手求甲救他。但是甲連眼睛也不看他一看。

熊走近了，乙只得躺在草裏，裝做死的樣子。熊到乙身邊，把鼻子在乙身上亂嗅。乙氣也不敢透。熊是不吃死人的，嗅了多時，以

繁与简

隻（只） 樹（树） 頂（顶） 躲（躲） 葉（叶） 會（会） 連（连） 裝（装） 樣（样） 邊（边） 亂（乱） 氣（气） 時（时）

爲乙是死人，就走開了。

甲看見熊走得遠了，就從樹上下來，很勉強的對乙笑著說：「剛才老熊拿嘴對著你的耳朶，到底說了些什麼話？」乙說：「老熊說的：交朋友該謹慎一點；凡是「安樂相親，患難相棄」的那班人，不可以做朋友！」

三十一　大蘿蔔——（一）約翰獻寶

布景——王宮　　人物——國王　侍臣　約翰　農人

國王坐在宮裏，一個侍臣進來對國王鞠躬

繁与简

為（为）　開（开）　見（见）　遠（远）　從（从）　來（来）　對（对）　説（说）　剛（刚）　話（话）　該（该）　謹（谨）　點（点）　樂（乐）　親（亲）　難（难）　棄（弃）　蘿（萝）　蔔（卜）　約（约）　獻（献）　寶（宝）　國（国）　農（农）　裏（里）　個（个）　進（进）

侍臣「外面有一個農夫，求見大王。他說有寶貝來獻。」

國王「這人叫什麼名字？」

侍臣「他叫約翰，是威廉將軍的弟弟。」

國王「他有什麼寶貝？」

侍臣「是一個大蘿蔔。」

國王「嗄！蘿蔔也算寶貝嗎？叫他拿進來。」

侍臣下，帶約翰上來。約翰和三個農夫抬了一個大蘿蔔，放

繁与简

見（见） 說（说） 貝（贝） 這（这） 麼（么） 將（将） 軍（军） 嗎（吗） 來（来） 帶（带）

在國王面前.

國王「嗄唷!好一個大蘿蔔!——你就是約翰嗎?」

約翰對國王鞠躬.

約翰「小人就是約翰,常常種園地的,從來沒有看見過這樣的大蘿蔔.不想今年却種得了這一個這是一件難得的寶貝,所以抬來獻給大王.」

國王「倒也奇怪這一定是蘿蔔王,眞是一件寶貝了.——約翰!你把這寶貝獻來,要想做官嗎?」

約翰「不要.小人只會種田,不會做官.」

國王「你要想得些什麼賞賜呢?」

約翰「小人不要什麼?」

繁与简

對(对) 種(种) 園(园) 從(从) 過(过) 樣(样) 難(难) 給(给) 會(会) 賞(赏) 賜(赐)

國王「你的哥哥是威廉將軍嗎？」

約翰「是的。」

國王「他是很有錢的。你是他的弟弟，爲什麼衣服穿得這樣破？你不是很窮嗎？」

約翰「小人是很窮的。小人的哥哥當了兵，打了仗，立了功勞，做了官，所以很有錢。小人在家裏種田，所以很窮。」

國王「你爲什麼不去靠你有錢的哥哥呢？」

約翰「他怪我不去當兵，不會打仗立功勞，所以不許我上他的門。小人自己會種田的，所以也不想去靠他。」

國王「是了。你現在把寶貝獻給我，我要賞賜你，使你和你的哥哥一樣富。」

繁与简

錢（钱）

為（为）

窮（穷）

當（当）

勞（劳）

許（许）

門（门）

約翰「謝謝大王!」

約翰鞠躬.(閉幕)

三十二 大蘿蔔——(二)威廉受賞

布景—王宮門外 人物—威廉 守衛官 侍臣 兵士

威廉在王宮外,和守衛官談話.

威廉「我的弟弟獻了一個大蘿蔔,國王就賞賜他,使他和我一樣富.蘿蔔是不值錢的東西,國王這樣賞賜,我倒有些不服.」

守衛官「威廉將軍!你想怎樣?」

威廉「我現在想把一件很值錢的東西獻給國王,看國王怎樣賞賜我?」

繁与简

謝(谢) 軍(军) 閉(闭) 現(现) 蘿(萝) 給(给) 蔔(卜) 賞(赏) 門(门) 衛(卫) 談(谈) 話(话) 獻(献) 個(个) 國(国) 賜(赐) 樣(样) 錢(钱) 東(东) 將(将)

守衛官「你有什麼很值錢的寶貝?」

威廉「我有一塊金剛石.」

威廉打開包袱,把金剛石拿出來.

守衛官「嗄唷!好大一塊金剛石!那裏來的?值多少價錢呢?」

威廉「我費了許多工夫去買來的,價值一千萬元.」

守衛官「嗄唷!你那裏來許多錢買這東西?」

威廉「不瞞老兄說,我把我自己的家產統統變賣了,湊得八百萬元,又借了二百萬元的債,才買到這東西.」

守衛官「你獻給國王,不是要拖債,變做窮人了嗎?」

威廉「我想國王一定賞賜我許多值錢的東西,我非但不拖債,還要愈加發財哩.」

繁与简

塊(块)　剛(刚)　開(开)　裏(里)　價(价)　費(费)　許(许)　買(买)　萬(万)　來(来)　這(这)　瞞(瞒)　説(说)　産(产)　統(统)　變(变)　賣(卖)

湊(凑)　債(债)　窮(穷)　嗎(吗)　還(还)　發(发)

守衛官「怎麼說呢？」

威廉「我們弟弟獻了不值一文錢的大蘿蔔，國王使他和我一樣富。我現在獻這值一千萬元的寶貝，不該使我和國王一樣富嗎？」

守衛官「是呀！我想你說的話是不錯的。但是你和國王一樣富了，你肯把什麼東西送給我呢？」

威廉「到了那時再講，自然總要送些東西給你的。」

侍臣來了，對威廉行鞠躬禮。威廉行舉手禮。

侍臣「大王在客殿上等將軍了，請將軍進去！」

威廉「是。」

威廉趕忙收了金剛石，包好了，跟侍臣進去。

繁与简

麽（么） 們（们） 該（该） 錯（错） 時（时） 講（讲） 總（总） 對（对） 禮（礼） 舉（举） 請（请） 進（进） 趕（赶）

守衛官　「他立刻要發大財了，我該預備對他道喜。」

守衛官做姿勢。威廉出來了，後面有四個兵士抬了大蘿蔔，呼呼喝喝的跟著。

守衛官　「威廉將軍！恭喜、恭喜！發財、發財！」

威廉　「唉！我得了這個賞賜。」

守衛官　「是什麼？」

威廉　「唉！就是大蘿蔔。國王說我的大金剛石很好，所以賞我這個難得的寶貝。」

威廉大哭。（閉幕）

繁与简

預（预）　備（备）　勢（势）　後（后）　個（个）　難（难）　寶（宝）　貝（贝）　閉（闭）

三十三　哭小孩

尤無知因爲跑得太快，跌了一交，把鼻子撞破了，流出血來。

尤無知當做脚底下被釘子戳穿了的一樣疼痛，捧著臉號啕大哭。

近旁的人不曉得是什麼事，都來看他。過路的人也停住了脚向他看。他越哭越響。

母親來了，也沒有法子安慰他，就用棉花來給他塞住鼻管，血已止住了；但是尤無知還只管哭。

繁与简

無（无）為（为）來（来）當（当）釘（钉）樣（样）臉（脸）號（号）曉（晓）麼（么）過（过）響（响）親（亲）給（给）還（还）

同是一樣的小孩子，黄建人却要勇敢得多了！有一回，在運動的時候，黄建人跌了一交，比他這回厲害，可是一點也不做聲。

三十四　誰是勇敢者？（一）

尤無知自以爲很勇敢，手裏常常拿著一條皮鞭，劈拍劈拍的玩弄。他的妹妹尤有容，要比他文雅得多；但是尤無知常笑他是「膽怯者。」

有一回晚上，尤無知的父親從田裏回來，忽然暈倒了。身上發熱，嘴裏說胡話；嚇得母親手忙脚

繁与简

運（运）　動（动）　時（时）　這（这）　厲（厉）　點（点）　聲（声）　誰（谁）　無（无）　為（为）　裏（里）　條（条）　膽（胆）　親（亲）　從（从）　來（来）　暈（晕）　發（发）　熱（热）　話（话）　嚇（吓）

亂的去服侍他．

母親喊尤無知說：「爹爹病重得很，我一刻不能離開他．你趕快去請醫生來看看！」

尤無知聽見母親吩咐他一個人去請醫生，心裏就跳起來．但是父親的病這樣重，他心裏也很著急，又怕母親說他是膽怯者：只得挺著身體，戰戰兢兢的走出去．

三十五　誰是勇敢者？（二）

外面的路上很暗，走路的人一個也沒有．只聽

繁与简

亂（乱）無（无）說（说）離（离）開（开）趕（赶）請（请）醫（医）聽（听）見（见）個（个）樣（样）體（体）戰（战）誰（谁）

見狗叫的聲音，從很寂寞的遠地方傳過來。尤無知躡手躡脚的走上去，害怕得了不得。走了幾步，不敢再走了，只得呆瞪瞪的回到家裏說：「外邊很暗，路也看不見。」

母親正在那裏用冷水絞了手巾，搭在父親的頭上，聽見尤無知的說話，就說：「怎樣好呢？唉！你眞膽怯！再不請醫生來，你父親的病眞不得了！」

尤有容一言不發的立在母親旁邊，聽見了這句

繁与简

見（见）聲（声）從（从）遠（远）傳（传）過（过）來（来）無（无）躡（蹑）幾（几）裏（里）説（说）邊（边）親（亲）絞（绞）頭（头）聽（听）

話（话）樣（样）膽（胆）請（请）醫（医）發（发）

話，就說：「媽媽，我和哥哥一同去，兩個人不會怕的。」於是尤有容拉了尤無知抖著的手，向外面就跑。

三十六 誰是勇敢者？（三）

尤有容和尤無知在黑暗裏走，不久，眼睛能看清前面的路徑了。但是尤無知仍舊戰戰兢兢，有一點兒害怕。

前面黑暗裏有一隻狗，在那裏叫。尤無知又站定了。尤有容說：「哥哥不要怕，那是阿花，我常常

繁与简

媽（妈） 兩（两） 個（个） 會（会） 於（于） 誰（谁） 無（无） 裏（里） 徑（径） 舊（旧） 戰（战） 點（点） 兒（儿） 隻（只） 説（说）

把飯給他吃的。——兩個人走到那邊，阿花迎上來。因爲尤無知今天日裏拿皮鞭打過他，所以他跳上跳下，要咬尤無知。幸虧尤有容用著溫和的聲調喊了幾聲，他纔搖著尾巴走開。

兩個孩子到了街上，立刻請醫生到他們家裏看病。過了幾天，父親的病就全愈了。

從此以後，尤無知不敢再說妹妹是膽怯者，自己是勇敢者。

繁与简

飯（饭） 後（后） 給（给） 膽（胆） 兩（两） 個（个） 邊（边） 為（为） 過（过） 虧（亏） 聲（声） 調（调） 幾（几） 纔（才） 開（开） 請（请） 醫（医） 親（亲） 從（从）

三十七　一把芝麻

（一）

一把芝麻撒上天，肚裏山歌萬萬千。南京唱到北京去，回來還唱二三年。

（二）

山歌不唱忘記多，大路不走草成窠。快刀不磨黃鏽起，胸膛不挺背要駝。

（三）

山歌好唱口難開，櫻桃好吃樹難栽。白米飯好吃田難種，鮮魚湯好喝網難擡。

繁与简

裏（里）　萬（万）　還（还）　記（记）　鏽（锈）　駝（驼）　難（难）　開（开）　櫻（樱）　樹（树）　飯（饭）　種（种）　鮮（鲜）　魚（鱼）　湯（汤）　網（网）　擡（抬）

三十八　猜謎兒（一）

菊秋、杏姑、蘭妹幾個小孩子，圍住了母親，要母親講故事。母親說：「我們來猜謎兒罷。」大家都說：「好的、好的。」

母親說：「『河裏的梭子，岸上的篙子，鑽天的錐子，朝天的鋸子。』這是四樣什麼東西？」

菊秋、杏姑、蘭妹、想了一回，都說：「我知道了。」

母親說：「菊秋，你猜，河裏的梭子是什麼？」菊秋說：「是船。」母親說：「不錯。岸上的篙子呢？」

繁与简

謎（谜）麽（么）
兒（儿）東（东）
蘭（兰）
幾（几）
個（个）
圍（围）
親（亲）
講（讲）
説（说）
們（们）
罷（罢）
裏（里）
鑽（钻）
錐（锥）
鋸（锯）
這（这）
様（样）

菊秋說：「我不曉得了.」杏姑說「我曉得的，一定是沒有扯旗的旗竿.」母親說：「鑽天的錐子呢?」杏姑說：「我想是塔.」

蘭妹說：「媽媽，你爲什麼不問我呢?」母親說：「我就問你，朝天的鋸子是什麼?」蘭妹說：「這個我恰巧不曉得.倘使你問我鑽天的錐子，我就曉得了.」母親笑著說：「這一個杏姑已經猜過了.」菊秋搶著說：「我想著了.這恐怕是城牆.」

母親說：「對的.」

繁与简

曉（晓） 媽（妈） 為（为） 問（问） 經（经） 過（过） 搶（抢） 牆（墙） 對（对）

三十九　猜謎兒（二）

母親說：「我還有一個謎兒給你們猜。」菊秋、杏姑、蘭妹都說：「好的、好的，請媽媽說罷。」母親說：「你們聽好！

「遠看劉家窮，近看劉家却不窮。外面朱漆板壁，裏面寶石重重。」

這是什麽東西？」

菊秋、杏姑、蘭妹、都猜不著，大家撅著嘴，等母親告訴他們。

繁与简

謎（谜）　寶（宝）
兒（儿）　這（这）
親（亲）　麽（么）
還（还）　東（东）
個（个）　訴（诉）
給（给）
們（们）
蘭（兰）
説（说）
請（请）
媽（妈）
罷（罢）
聽（听）
遠（远）
劉（刘）
窮（穷）
裏（里）

母親說：『這是石榴．「劉」和石榴的「榴」聲音相同．「遠看劉家窮，」說遠看石榴，看不見什麼．「近看劉家却不窮，」說仔細看石榴，就看見他的內外了．「外面朱漆板壁」說石榴的皮帶著紅色；「裏面寶石重重，」說石榴的子許許多多，好像寶石．」

菊秋、杏姑、蘭妹、都點著頭說「這個謎兒很有趣．」

四十 拍蜻蜓

一個眼睛近視的人，買了一瓶油，放在籃裏．提

繁与简

聲（声） 見（见） 細（细） 帶（带） 紅（红） 許（许） 點（点） 頭（头） 視（视） 買（买） 籃（篮） 裏（里）

著籃走，到茶店裏去喝茶。他看見天井裏的牆上一隻蜻蜓，當做一隻釘，就把籃掛上去。那知蜻蜓一飛，籃子掉下來，瓶也打破了。

那人走了，茶店裏的夥計，就在牆上釘了一隻釘。他說：「這可以方便人家的。」

明天，近視眼走來，看見那隻釘。他說：「可惡的蜻蜓！又在這裏了。讓我來拍死他。」伸手上去用力一拍，手掌覺得很痛，連忙縮下來，已經被釘戳破了。

繁与简

見（见）牆（墙）隻（只）當（当）釘（钉）掛（挂）飛（飞）夥（伙）計（计）説（说）這（这）來（来）惡（恶）讓（让）覺（觉）連（连）縮（缩）經（经）

四十一 蜜蜂和蚱蜢

一個春天的清早，
蚱蜢正在田裏跳，
忽然一個蜜蜂飛來了．
蜜蜂說：
「請你幫我忙，多採點花來做蜜糖，儲在糧食倉，
到了冬天，大家可以不恐慌．」
蚱蜢說：
「冬天還未到，預備不必這樣早．
等我頑一回，再來幫你好不好？」

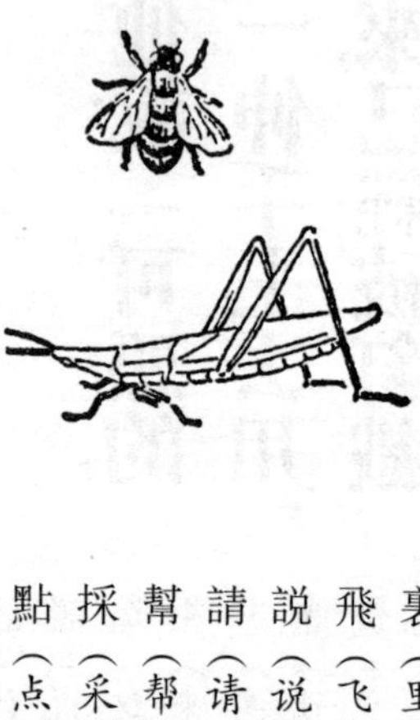

繁与简

個（个）裏（里）飛（飞）說（说）請（请）幫（帮）採（采）點（点）儲（储）糧（粮）倉（仓）還（还）預（预）備（备）這（这）樣（样）頑（顽）

春天、夏天、暖烘烘，
蜜蜂常在花叢中，
飛來飛去忙做工。
蚱蜢沒計算，
跳來跳去玩，
東也去竄竄，西也去竄竄。
春、夏、已過秋、冬、到。
天冷了，雪下了，
簷前麻雀凍得喳喳叫。
蜜蜂在蜂房，

繁与简

叢（丛） 計（计） 東（东） 竄（窜） 過（过） 簷（檐） 凍（冻）

吃蜜糖，
心裏一點不著忙。
可憐小蚱蜢，
挨餓又受冷；
縮著頸兒不做聲。
這種日子怎樣活得成？

四十二 打黑狗

某天，太陽還沒有出來，有一個賣柴的莽漢，走過村莊，看見一隻黑狗，躺在路上。他說：「咦！這件

繁与简

憐（怜） 說（说）
餓（饿） 這（这）
縮（缩）
頸（颈）
兒（儿）
聲（声）
種（种）
陽（阳）
還（还）
來（来）
個（个）
賣（卖）
漢（汉）
過（过）
莊（庄）
見（见）
隻（只）

呢馬褂，是誰人掉在這裏的呢？」就用手去拾．黑狗跳起來一口把莽漢的手咬得很痛．

明天早上，莽漢又走過這裏．這裏的人家，剛開出門來，把一隻鍋子覆在路上，進去拿刮鍋屑灰的家伙，預備來刮．莽漢當那隻鍋子就是昨天的黑狗，拿起扁擔來，對准鍋子，嘴裏罵著說：「畜生！誰叫你昨天咬我的？」一用力打下去，鍋子被他打破了．

繁与简

馬（马）　誰（谁）　裏（里）　剛（刚）　開（开）　門（门）　鍋（锅）　進（进）　預（预）　備（备）　當（当）　擔（担）　對（对）　罵（骂）

四十三　煮蛋

主人拿一個雞蛋，交給廚子說：「你把這雞蛋煮三分鐘，就停了火，拿起來那麼時間恰好，蛋也不嫌老了。」

有一天，主人拿四個蛋叫廚子煮。煮了好久，廚子還不把蛋拿來給主人吃。主人等得不耐煩了，就喊著說：「怎麼許多時候，蛋還沒有煮好呢？」

廚子回他說：「一個蛋煮三分鐘，四個蛋不是要煮十二分鐘嗎？現在不到十分鐘，你怎麼還嫌煮得慢呢？」

繁与简

個（个）雞（鸡）廚（厨）說（说）這（这）鐘（钟）來（来）麽（么）時（时）間（间）還（还）給（给）煩（烦）許（许）嗎（吗）現（现）

四十四　打鐵

朝打鐵，晚打鐵，打把剪刀送姐姐。
姐姐留我耍，我不耍；我要回家把鐵打。
打鐵打到一月一，街上國旗雲密密。
打鐵打到二月二，寒風如箭刮兩耳。
打鐵打到三月三，顏色青青楊柳彎。
打鐵打到四月四，寒食清明一齊至。
打鐵打到五月五，春花飄落變塵土。
打鐵打到六月六，枇杷上市櫻桃熟。
打鐵打到七月七，汗像雨點地下滴。

繁与简
鐵（铁）國（国）雲（云）風（风）兩（两）顏（颜）楊（杨）彎（弯）齊（齐）飄（飘）變（变）塵（尘）櫻（樱）點（点）

打鐵打到八月八，日落西山風不刮。
打鐵打到九月九，蟋蟀瞿瞿到處有。
打鐵打到十月十，家家國慶備酒食。
打鐵打到十一月，楓葉經霜紅像血。
打鐵打到一年終，雪花飄飄忙過冬。

四十五　聰明的老鴉

老鴉飛到沙灘上，看見許多蛤蜊。老鴉要吃蛤蜊肉。但是蛤蜊的殼很堅固，老鴉用嘴去啄，終啄不開。

繁与简

處（处）終（终）
慶（庆）開（开）
備（备）
楓（枫）
葉（叶）
經（经）
紅（红）
終（终）
過（过）
聰（聪）
鴉（鸦）
飛（飞）
灘（滩）
見（见）
許（许）
殼（壳）
堅（坚）

老鴉沒有別法，只得銜著蛤蜊，飛到離地三四十丈的半空裏，把蛤蜊丟下去。蛤蜊打在石頭上，殼既然打破，肉也被老鴉吃著了。

老鴉飛到古廟裏，看見一個水瓶。老鴉要吃瓶裏的水。但是瓶深水淺，老鴉用嘴去喝，終喝不著。

繁与简
銜（衔）
離（离）
裏（里）
頭（头）
殼（壳）
廟（庙）
個（个）
淺（浅）

老鴉沒有別法，只得銜著小石子，一顆一顆的裝在瓶裏。於是石子高起來，水也高到瓶口，被老鴉喝著了。

四十六　孔雀和狐狸

狐狸和孔雀是鄉鄰。狐狸想把孔雀捉來當點心，但是孔雀非常謹慎，狐狸捉不到他。

有一天，狐狸站在空地上，擡頭望天。孔雀遠遠的看見了，問他道：「你望什麼？」狐狸說：「我數

繁与简

顆（颗）裝（装）於（于）鄉（乡）鄰（邻）當（当）點（点）謹（谨）擡（抬）頭（头）遠（远）見（见）問（问）麼（么）說（说）數（数）

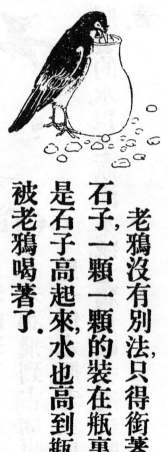

數天上到底有多少星.」孔雀說:「你數清了嗎?到底有多少?」狐狸說:「和地上的傻子差不多.」孔雀說:「到底傻子多呢,還是星多?」狐狸說!「傻子比星多一個.」

孔雀說:「這傻子是誰呢?」狐狸說:「唉!就是我自己.」孔雀說:「爲

繁与简
嗎（吗）
還（还）
個（个）
這（这）
誰（谁）
為（为）

什麼你是一個傻子呢?」狐狸說:「我不數你尾巴上的星,却去數天上的星,這不是傻子嗎?孔雀姑娘啊!你尾巴上的星眞多呀,眞美麗呀!你能夠讓我數一數嗎?」

孔雀趕緊飛起來,說:「你用好話誘騙我,但是我決不會上你的當!」

狐狸嘆道:「無論怎樣狡猾,總是敵不過謹慎的.」

四十七 仙人跳舞

繁与简

麗(丽) 讓(让) 趕(赶) 緊(紧) 飛(飞) 來(来) 話(话) 誘(诱) 騙(骗) 決(决) 會(会) 嘆(叹) 無(无) 論(论) 樣(样) 總(总) 敵(敌) 過(过)

圓圓的明月光輝；點點的衆星明媚；
陣陣的和風細吹；朵朵的鮮花香美。
一個個的仙人，撲著翅兒飛；
安閑自在，來到跳舞會。

咿咿的仙樂齊催；
嚦嚦的歌聲清脆；
飄飄的衣袖輕迴；閃閃的珠光迸碎。
一對對的仙人，沒有些兒悲；
逍遙快樂，同在跳舞會。

繁与简

圓（圓）　輝（辉）　點（点）　衆（众）　陣（阵）　風（风）　細（细）　鮮（鲜）　個（个）　撲（扑）　兒（儿）　飛（飞）　閑（闲）　來（来）　會（会）　樂（乐）　齊（齐）

嚦（呖）　聲（声）　脆（脆）　飄（飘）　輕（轻）　迴（回）　閃（闪）　對（对）

四十八 巨人(二)

我的性情很柔順，人人都喜歡親近我。凡是洗衣、煮飯、種稻、澆花、……許多事情，我都能够幫助人家做。

但是我實在是一個巨人，所以我的力量很大：我能够背了極大的輪船行走；我能够衝倒海壩，把海邊的村莊、田地、人物、一口吞下去；我能够衝破大石頭，或者把大石頭穿成許多大洞。

有的時候，我能够變成輕浮的東西，飛上天去，

繁与简

順（顺） 歡（欢） 親（亲） 飯（饭） 種（种） 澆（浇） 許（许） 幫（帮） 實（实） 個（个） 極（极） 輪（轮） 衝（冲） 壩（坝） 邊（边） 莊（庄） 頭（头） 時（时） 變（变） 輕（轻） 東（东） 飛（飞）

把天上的太陽，遮得黑暗無光。有的時候，我能够變成堅硬的東西，把地上的江河，塞得交通不便。

你們知道我的名字嗎？

四十九　巨人（二）

我也是一個巨人。我的性情很暴躁，人人都不敢親近我。因爲有人親近我，我就要使他皮開肉爛，痛極不堪。

我的力量也很大：我能够把幾十幾百間的房屋，弄成灰堆；我能够把幾十幾百里的樹林，弄成

繁与简

陽（阳）無（无）堅（坚）們（们）嗎（吗）個（个）親（亲）為（为）開（开）爛（烂）極（极）幾（几）間（间）樹（树）

炭屑。當我發威的時候，人家往往請出我的哥哥來制服我。

但是我雖然有害於人，人家却不可沒有我。因爲我能够驅除黑暗；我能够消滅冷氣；我能够煮熟食物：人類在夜裏往往把我當做同伴，在凍或餓的時候，更不能離開我。——所以人類，一面怕我，一面愛我。

你們知道我是誰？能够說出我的名字來嗎？

五十　世界原是快樂場

繁与简

當（当）　來（来）
發（发）　嗎（吗）
時（时）　樂（乐）
請（请）　場（场）
雖（虽）
於（于）
驅（驱）
滅（灭）
氣（气）
類（类）
裏（里）
凍（冻）
餓（饿）
離（离）
愛（爱）
誰（谁）
說（说）

世界原是快樂場，
小孩們，都要歡歡喜喜，來把歌兒唱。
切不可憂憂鬱鬱，現出愁模樣！

春日裏，百花香，
你看好鳥兒三三兩兩，蝴蝶兒對對雙雙，
大家歌舞一齊忙。

夏日裏，涼風多，
你聽青草池邊蛙打鼓，綠楊叢裏蟬唱歌，
大家作樂聲音和。

秋日裏，天漸涼。

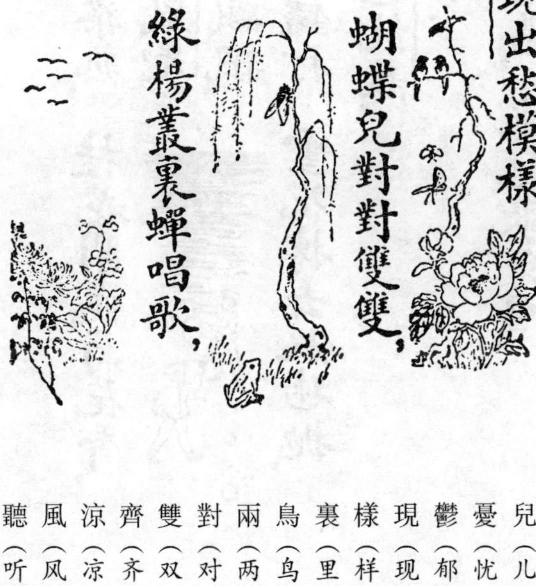

繁与简

們（们）　邊（边）
歡（欢）　綠（绿）
來（来）　楊（杨）
兒（儿）　叢（丛）
憂（忧）　蟬（蝉）
鬱（郁）　聲（声）
現（现）　漸（渐）
樣（样）
裏（里）
鳥（鸟）
兩（两）
對（对）
雙（双）
齊（齐）
涼（凉）
風（风）
聽（听）

你想鴻雁飛來稻粱熟，桂花開罷菊花香，
這是何等好風光？
冬日裏，風飄飄。
你把冰塊敲來當鑼打，雪花摶去做毬抛，

天雖寒冷也能熬，
世界原是快樂場，
小孩們，都要歡歡喜喜，來把歌兒唱。
切不可憂憂鬱鬱，現出愁模樣！

繁与简

鴻（鸿）飛（飞）開（开）罷（罢）這（这）飄（飘）塊（块）當（当）鑼（锣）摶（抟）毬（球）雖（虽）

第七册

一　秋千

淡淡的斜陽一抹，萋萋的青草滿地。
你和我，我和你，
大家搭上秋千，
做半天游戲。
把穩手脚，彎著身體，
才盪到東，又翻到西，
上上下下，風吹我衣；
幾乎盪到牆頭一樣齊。

繁与简

陽（阳）滿（满）戲（戏）穩（稳）彎（弯）體（体）盪（荡）東（东）風（风）幾（几）牆（墙）頭（头）樣（样）齊（齐）

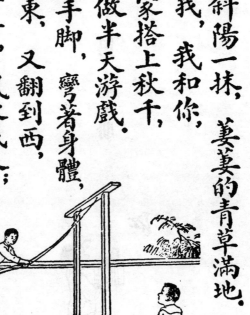

二　鹿的角和脚

一隻鹿走到池邊去喝水。看見自己的影子，倒映在水裏，兩隻角椏枝分歧，自以爲很好看。後來，又望見自己的脚，嘆道：「我的角那樣雄偉，我的脚却又這樣纖小，怎樣配得上呢？」

鹿正在那裏埋怨自己的脚；不料「呼呼的！」一陣風聲，一隻老虎跳過來要捉他！鹿大驚，趕忙逃走，走得非常之快。老虎落在後面，追不著他。一

繁与简

隻（只）邊（边）見（见）裏（里）兩（两）椏（桠）為（为）後（后）嘆（叹）樣（样）偉（伟）這（这）纖（纤）陣（阵）風（风）聲（声）過（过）驚（惊）趕（赶）

會兒，那鹿鑽到林子裏，兩隻角被樹枝鉤住了；幸喜老虎還沒有追到，他急忙側著頭把角拔出來，逃到隱僻的地方去。

鹿嘆道：「我以爲角好，那知我的角幾乎害死我？以爲脚不好，那知我的脚倒使我逃出虎口來？可見天下各種東西，不在乎好看，只在乎實用！」

三　那是一定的（一）

一個騙子，養著一隻鸚鵡。天天把「那是一定的」一句話教他。

繁与简

會（会）　兒（儿）　鑽（钻）　樹（树）　鉤（钩）　還（还）　側（侧）　頭（头）　來（来）　隱（隐）　幾（几）　種（种）　東（东）　實（实）　個（个）　騙（骗）　養（养）
隻（只）　鸚（鹦）　鵡（鹉）　話（话）

騙子把鸚鵡教會了那句話，就拿著許多碎銀子，暗暗的到山裏去，埋在各處。再對人家說：「我

的鸚鵡很聰明，他能够知道藏銀子的地方。」大家不信；他就帶了鸚鵡和衆人到山裏去試驗。

到了埋銀子的地方，騙子就問鸚鵡說：「這裏有銀子嗎？」鸚鵡說：「那是一定的。」騙子用鏟掘下去，果然掘出銀子來。一連照樣試了好幾處，都掘著銀子。

繁与简

會（会）　許（许）　銀（银）　裏（里）　處（处）　對（对）　說（说）　聰（聪）　帶（带）　衆（众）　試（试）　驗（验）　問（问）　這（这）　嗎（吗）　鏟（铲）　來（来）　連（连）　樣（样）　幾（几）

一個少年看見了，心裏很羨慕，就想買那鸚鵡，以便發財。他問騙子說：「你那鸚鵡出賣嗎？」騙子說：「我那裏肯賣？不過如有相當的價錢，免得我天天養他，也可以賣的。」少年說：「要多少價錢呢？」騙子說：「至少一千塊錢。」少年說：「要這許多嗎？」騙子說：「我們問鸚鵡，就可以知道了。喂！鸚鵡！你値一千塊錢嗎？」鸚鵡說：「那是一定的。」

少年大喜，就付了一千塊錢，買了鸚鵡回去。

繁与简

見（见） 買（买） 發（发） 財（财） 賣（卖） 過（过） 當（当） 價（价） 錢（钱） 養（养） 塊（块） 們（们）

四　那是一定的（二）

少年買了鸚鵡，以爲一定可以發財了。過一天，他就帶了鸚鵡到山裏去找銀子。

少年走到一處，問鸚鵡說：「這裏有銀子嗎？」鸚鵡說：「那是一定的。」少年大喜，就用鏟掘下去，但是銀子的影子也沒有。一連試了幾處，都是這樣。

後來少年知道上了騙子的當，怏怏的對鸚鵡說：「唉！鸚鵡！我出了一千塊錢買你，一點沒有用，

繁与简

買（买）　鸚（鹦）　鵡（鹉）　為（为）　發（发）　財（财）　過（过）　帶（带）　裏（里）　銀（银）　處（处）　問（问）　説（说）　這（这）　嗎（吗）　鏟（铲）　連（连）

試（试）　幾（几）　樣（样）　後（后）　騙（骗）　當（当）　對（对）　塊（块）　錢（钱）　點（点）

這不是傻子嗎?」鸚鵡說:「那是一定的.」
少年不覺好笑起來,又說:「鸚鵡!這句話倒是實在的,我眞是個傻子.從今以後,我不敢再妄想了.我以爲只有做工是得銀子的好方法,你說對不對?」鸚鵡說:「那是一定的.」

五 小鳥的好朋友

籠子裏養著一隻小鳥.有一天,籠門不知怎樣開了,那小鳥跳到桌子上來.桌子上,本來有一面鏡子;小鳥看見鏡子裏的影子,以爲是別的鳥,就

繁与简
覺(觉) 來(来) 話(话) 實(实) 個(个) 從(从) 鳥(鸟) 籠(笼) 裏(里) 養(养) 隻(只) 門(门) 樣(样) 開(开) 鏡(镜) 見(见) 爲(为)

很生氣的亂叫亂跳，預備和他爭鬥。那知鏡子裏的小鳥也亂叫亂跳起來，好像預備爭鬥似的！小鳥愈加生氣，跳過去啄他。不料碰在鏡子上面，跌了下來。小鳥嚇得了不得，向鏡子裏呆看多時，再跳到鏡背後去看看，也看不見什麼，只得回到鏡子前面，那知鏡子裏仍舊有一隻鳥。後來小鳥跳到鏡子的頂上去，上下左右，詳細的看，但終看不出那鳥是怎樣進去的。他只得跳下來，站在鏡子面前，好像要把自己的意思告訴那鳥似的。過了

繁与简

氣（气） 進（进） 亂（乱） 訴（诉） 預（预） 備（备） 鬥（斗） 裏（里） 來（来） 過（过） 嚇（吓） 時（时） 後（后） 麽（么） 舊（旧） 頂（顶） 詳（详） 細（细） 終（终）

一刻，小鳥很和平的飛飛跳跳；那鏡裏的鳥也就飛飛跳跳：小鳥心裏快樂起來了。

養鳥的見他這樣，一面把小鳥引到籠裏去，一面在籠裏放下一面小鏡子。從此以後，小鳥把自己的影子當做好朋友，一天到晚，對他飛飛叫叫，也不覺得厭倦了。

六 小鳥

小孩看見小鳥，愛他活潑靈巧，招手說道：

「來！小鳥，到我這籠裏。我包你住得很適意。

繁与简

飛（飞） 樂（乐） 這（这） 從（从） 當（当） 對（对） 覺（觉） 厭（厌） 見（见） 鳥（鸟） 愛（爱） 潑（泼） 靈（灵） 説（说） 來（来） 籠（笼） 裏（里） 適（适）

我有許多食物，甘香無比。」
小鳥聽他說了，飛飛叫叫跳跳，好像答道：
「哦！小孩，謝你謝謝你！
我不願住在你籠裏，
我愛自由世界，新鮮空氣。」

七　啞口證人（一）

一個窮人，先把他的馬拴在一棵樹上。後來，來了一個富人，也把他的馬拴在這裏。窮人高聲說道：「你的馬，不要和我的馬拴在一處；因爲我的

繁与简

許（许）　裏（里）
無（无）　聲（声）
聽（听）　說（说）
飛（飞）　處（处）
謝（谢）　為（为）
願（愿）
鮮（鲜）
氣（气）
啞（哑）
證（证）
個（个）
窮（穷）
馬（马）
樹（树）
後（后）
來（来）
這（这）

馬很兇，恐怕要傷害你的馬。」富人不睬他。一會兒，兩匹馬果然爭鬥起來了。兩個人跑上去想把他們拉開，但是已經來不及，富人的馬被窮人的馬踢死了。

富人大怒，拉了窮人到審判官那裏去。口口聲聲說窮人的劣馬踢死他的好馬，要窮人賠償。

審判官問窮人說：「你的馬踢死了他的馬嗎？」窮人一個字也不回答。審判官說：「你不會說話嗎？」窮人仍舊不回答。審判官一連問了許多話，

繁与简
兇（凶）傷（伤）會（会）兒（儿）兩（两）鬥（斗）們（们）開（开）經（经）審（审）賠（赔）償（偿）嗎（吗）個（个）話（话）舊（旧）連（连）問（问）許（许）

窮人終不做聲……

八 啞口證人（二）

審判官對富人說：「怎麽辦呢？這個窮人是啞子，一句話都不會說。」

富人說：「他並不是啞子，和我說過話的。」審判官說：「他和你說過什麽話呢？」富人說：「他說得很明白。他說：『你的馬不要和我的馬繫在一處；因爲我的馬很兇，恐怕要傷害你的馬。』」

審判官說：「那麽，他已經警告過你了。你的馬

繁与简

終（终） 啞（哑） 證（证） 審（审） 對（对） 説（说） 麽（么） 辦（办） 這（这） 個（个） 窮（穷） 話（话） 會（会） 並（并） 過（过） 馬（马） 繫（系）

處（处） 為（为） 兇（凶） 傷（伤） 經（经）

怎麼不牽開呢?你既然不聽他的警告,現在你的馬被他的馬踢死,這是你自己的錯處,不該要他賠償.」富人沒有話說.

審判官問窮人說:「你並不是啞子,爲什麼不開口?」窮人說:「我若開口和他爭論,說我已經警告過他,他一定不承認.現在讓他自己說出,他可不能抵賴了!」

審判官聽了很歡喜.就把富人斥退,並且稱贊窮人的智慧.

繁与简

牽(牵) 開(开) 聽(听) 現(现) 錯(错) 該(该) 賠(赔) 償(偿) 論(论) 經(经) 認(认) 讓(让) 賴(赖) 歡(欢) 稱(称) 贊(赞)

九　斃雞案（一）

不唱東來不唱西，單唱鄉下窮人踏死富家雞。

小街道上亂紛紛，米店東翁兩眼瞋。他說：「我這小雞多麽好，爲什麽把他踏得血淋淋？」

縣官段光淸，乘轎出公庭。他正打從這裏過，聞聲停轎問詳情。

鄉下人，戰兢兢，走上前來叫一聲：「淸官呀！今天我進城，只爲父病請醫生。急忙忙，向前奔，走過他家米店門；誰料脚一蹬，小雞嗚呼喪了身？米店東翁太認眞，要我賠錢九百文。可憐我身邊只有大錢三百個，還要延醫買

繁与简

斃（毙）　雞（鸡）　東（东）　來（来）　單（单）　鄉（乡）　窮（穷）　亂（乱）　紛（纷）　兩（两）　説（说）　這（这）　麽（么）　爲（为）　縣（县）　轎（轿）　從（从）　裏（里）　過（过）

聞（闻）　聲（声）　問（问）　詳（详）　戰（战）　進（进）　請（请）　醫（医）　門（门）　誰（谁）　嗚（呜）　喪（丧）　認（认）　賠（赔）　錢（钱）　憐（怜）　邊（边）　還（还）　買（买）

藥活父親！」

米店翁，開口兒。他說：「我這雞兒雖然小，比較別家大不同。吃了幾個月的米，定然體胖肉豐隆。如今算他九斤重，賠償九百文錢也還算公。」段清官，聽了把眉攢。摸出大錢九百個，給他賠償解爭端。他說：「可憐鄉下人，家太貧，沒有閒錢九百文。如今我來替他賠償你，請你收了不要再爭論。」

十 斃雞案（二）

店東把錢拿，心裏笑哈哈，他想：「這樣的官司眞不差！喜洋洋、就要轉回家。

繁与简

藥（药） 論（论）
親（亲） 斃（毙）
開（开） 雞（鸡）
兇（凶） 東（东）
兒（儿） 錢（钱）
雖（虽） 裏（里）
較（较） 這（这）
幾（几） 樣（样）
體（体） 轉（转）
豐（丰）
賠（赔）
償（偿）
聽（听）
攢（攒）
個（个）
給（给）
貧（贫）
閒（闲）

店東正要走，縣令笑開口．他說道：「一斗米斤雞，」這句話兒、你知道否？就是說，養成雞一斤，要花米一斗．現在你的小雞當作九斤賣，省下白米一石十之九．你還該把這米九斗，給了我那窮朋友！」

店東沒說話，只好諾諾連聲答應下．九百文錢賣掉九斗米，這種算盤怎樣打？還要惹得旁人來笑罵．笑罵他「不該心兇想欺詐，好像是「偷雞不著、折了米一把．」」

十五　大海（一）

莽莽的青天，罩著茫茫的碧海．
幾隻白鷗去又來；無數浪花揮又洒．

繁与简

縣（县）　種（种）
開（开）　盤（盘）
説（说）　罵（骂）
話（话）　兇（凶）
兒（儿）　詐（诈）
養（养）　幾（几）
現（现）　隻（只）
當（当）　鷗（鸥）
賣（卖）　來（来）
還（还）　無（无）
該（该）　數（数）
給（给）　揮（挥）
窮（穷）
諾（诺）
連（连）
聲（声）
應（应）

沒邊沒岸，好大的世界！
也可愛，也可怪，也可駭。
我要駕著扁舟，行到天邊滄海外。

十六 大海（二）

淡黃的日光，照在蔚藍的水裏。
萬疊波濤高又低；千朵彩雲沉復起。
風吹雪捲，有趣的天地！
又明媚，又清潔，又美麗。
我要赤身下去，跟著魚龍共游戲。

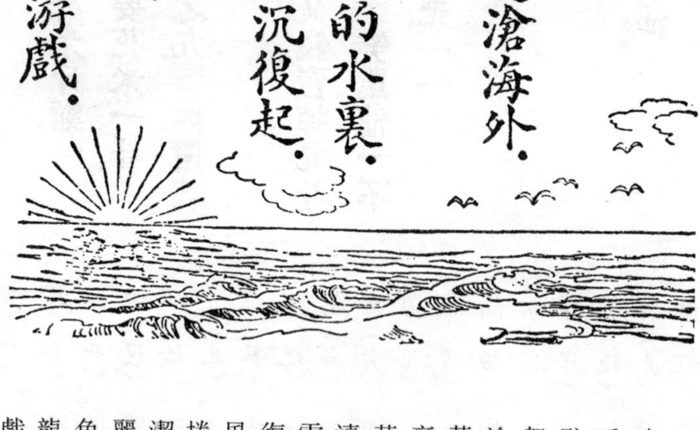

繁与简

邊（边） 愛（爱） 駭（骇） 駕（驾） 滄（沧） 藍（蓝） 裏（里） 萬（万） 濤（涛） 雲（云） 復（复） 風（风） 捲（卷） 潔（洁） 麗（丽） 魚（鱼） 龍（龙） 戲（戏）

二十 雀子說的

起初，我在殼兒裏，不見天也不見地，
覺得這世界是圓渾渾的.
後來，我在窠兒裏，跟我母親住一起；
覺得這世界是毛茸茸的.
後來，我在林子裏，學飛學唱學游戲；
覺得這世界是青蔥蔥的.
現在，我在天空裏，飛來飛去很得意；
不知這世界是甚麼做的？
小孩子，你看我飛，高高低低；

繁与简
說（说） 殼（壳） 兒（儿） 裏（里） 見（见） 覺（觉） 這（这） 圓（圆） 渾（浑） 後（后） 親（亲） 學（学） 飛（飞） 戲（戏） 現（现） 甚（什） 麼（么）

不要管這世界是甚麼做的．
你如果歡喜，你且跟我一同飛起！
只可惜你沒有翅膀兒，缺少飛的技藝！

二十一 黔驢之技（一）

從前貴州地方沒有驢子．有一個人，用船載了一隻到貴州去．但是驢子到了貴州，卻沒有什麼用．那人就把他放在山下．

驢子在山下吃草，老虎遠遠的看見他；因為他的身體很偉大，以為這一定是怪物，不敢走近去．只得躲在林子裏偷看．後來大著膽子走近些．但

繁与简

歡（欢）藝（艺）驢（驴）從（从）貴（贵）個（个）載（载）隻（只）麼（么）遠（远）見（见）為（为）體（体）偉（伟）這（这）裏（里）後（后）膽（胆）

是終覺得不很妥當，所以看了一回就走了。

過了幾天，老虎又去看驢子。驢子偶然一叫，老虎大驚，跳起來就逃。以爲驢子要吃他了，所以恐慌到了不得。

二十二　黔驢之技（二）

再過幾天，老虎去看驢子。來回了幾趟，覺得那驢子並沒有什麼奇怪。後來、驢子叫的聲音也聽慣了，愈加走近些，走到驢子的後面，又轉到前面。但是終不敢撲上去。

繁与简

終（终）覺（觉）當（当）過（过）幾（几）驚（惊）來（来）驢（驴）並（并）麼（么）後（后）聲（声）聽（听）慣（惯）轉（转）撲（扑）

明天、老虎索性走到驢子的身邊去了．故意把身體去靠他衝他，一進一退的試驗．驢子大怒，舉起脚來亂踢．老虎歡喜得很，說道：「他的本領不過如此！」就跳上去，把那驢子亂咬．咬斷了驢子的喉管，吃完了驢子的肉，方才走開．

二十三　洞庭湖

洞庭湖在長江、漢水的南面，湘江、沅江的北面，是許多河流匯合而成的．

夏天、秋天的時候，湖水漲起來，周圍有八百多

繁与简

邊（边）　許（许）
體（体）　匯（汇）
衝（冲）　時（时）
進（进）　漲（涨）
試（试）　圍（围）
驗（验）
舉（举）
來（来）
亂（乱）
歡（欢）
說（说）
領（领）
過（过）
斷（断）
開（开）
長（长）
漢（汉）

里。坐了小船，在湖裏游玩，風起浪湧，好比航海的一般。冬天、春天的時候，湖水淺下去；許多高起的地方，都變做小洲、小島，低下的地方，都變做港、汊、溝、渠；湖心裏蓄水的所在，不過幾十里罷了。

當夏秋交替的時候，我們登岳陽樓，望洞庭湖；只見湖水漫漫，眞有一「吞天

繁与简

裏（里）　風（风）　湧（涌）　淺（浅）　變（变）　島（岛）　溝（沟）　過（过）　幾（几）　罷（罢）　當（当）　們（们）　陽（阳）　樓（楼）　見（见）

撼地」的氣概。巴陵一角，水白山青，好比一幅天然的圖畫；君山浮在湖水中，古人所說的「白銀盤裏一青螺，」景致眞不差呀！

二十四 小船

只覺得天寬地廣；
不問他鄉本鄉，
總常在這湖海江河打短槳。
像小梭兒在機中來往，
經不起多大波浪；

繁与简

氣（气） 圖（图） 畫（画） 説（说） 銀（银） 盤（盘） 覺（觉） 寬（宽） 廣（广） 問（问） 鄉（乡） 總（总） 這（这） 槳（桨） 兒（儿） 機（机） 來（来） 經（经）

偶然風狂雨狂，就要找個斷岸長堤做靠傍．
像柳葉兒在水面輕盪．

二十五　買口笛（一）

富蘭克林到了七歲的時候，還沒有得到過一個辨士．——因爲他家很窮．

有一天，母親給他好幾個辨士．富蘭克林歡喜極了，忙問母親道：「買什麼東西好呢？」母親說：「聽你自己的便罷．——但是不要亂用！」

富蘭克林把那亮晶晶、黃晃晃的辨士，放在衣

繁与简

風（风）給（给）
個（个）幾（几）
斷（断）歡（欢）
長（长）極（极）
葉（叶）問（问）
輕（轻）買（买）
盪（荡）麽（么）
買（买）東（东）
蘭（兰）説（说）
歲（岁）聽（听）
時（时）罷（罢）
還（还）亂（乱）
過（过）
個（个）
為（为）
窮（穷）
親（亲）

袋裏；一路走到街上去．但是經過了好幾家商店，他却不知道買什麽東西好．

後來、看見一個比他大一點的孩子，在路上吹口笛，富蘭克林站定了看他．那孩子的口笛越吹越響．富蘭克林就摸出辨士來說：「你肯把口笛賣給我嗎？我把這幾個辨士給你．」那孩子一看，是一件很便宜的交易，就受了錢，把口笛給他．

二十六　買口笛（二）

富蘭克林拿了口笛，一面吹，一面跑，走到家裏，

繁与简

裏（里）經（经）後（后）見（见）點（点）響（响）來（来）賣（卖）嗎（吗）這（这）錢（钱）買（买）蘭（兰）裏（里）

很快活的對母親說：「媽媽，我買了一個口笛了！」母親說：「幾個錢買的．」他說：「你給我的辨士，我都給他了．」他的哥哥把口笛看了一看，就說：「啊喲！你上當了！這個口笛只值一個辨士呀！怎麼你的辨士都給了他？」富蘭克林聽了，把口笛向地上一扔，嗚嗚咽咽的哭起來了．母親安慰他說：「買一件東西，價錢不可出得太貴，這是一個很好的教訓呀！你以後留心罷．」

繁与简

對（对） 訓（训）
親（亲） 後（后）
説（说） 罷（罢）
媽（妈）
個（个）
幾（几）
給（给）
喲（哟）
當（当）
這（这）
麼（么）
聽（听）
嗚（呜）
來（来）
價（价）
錢（钱）
貴（贵）

二十九　死象案（一）

印度某甲、向某乙借一隻象，結婚的時候，把他當一座轎子用。不料走到半路上，那象忽然倒下死了。某乙趕來向某甲胡鬧，口口聲聲不要賠錢，也不要賠別的象，只要把那死的原象，弄活了還他。某甲沒法，只得到審判官那裏去告狀。審判官吩咐大家退下去，等明天開審。

當日、審判官又暗暗的把某甲找來，吩咐他許

繁与简

隻（只）
結（结）
時（时）
當（当）
轎（轿）
趕（赶）
鬧（闹）
聲（声）
賠（赔）
錢（钱）
還（还）
審（审）
裏（里）
狀（状）
開（开）
許（许）

多話。明天、被告來了，原告却不來。審判官說：「這一定是原告怕罰，所以不敢來了。被告！你到他家裏去叫他來；他如果不來，你就捉他來。」

三十　死象案（二）

某乙大喜，以爲審判官幫他，官司一定勝利了。就趕忙到某甲家裏去。某甲把大門關上，門背後藏下許多舊瓷瓶，專等某乙來叫。某乙不知是計，急忙推門進去，撲通幾響，打破了好幾個瓷瓶。

繁与简

話（话）　來（来）　説（说）　這（这）　罰（罚）　為（为）　審（审）　幫（帮）　勝（胜）　趕（赶）　裏（里）　門（门）　關（关）　後（后）　許（许）　舊（旧）　專（专）　計（计）　進（进）　撲（扑）　幾（几）　響（响）　個（个）

於是某甲拿了破瓶跟某乙到審判官那邊去。審判官問某乙：「你要什麼？」某乙說：「要賠原象。」審判官問某甲：「你呢？能賠原象嗎？」某甲說：「他打破我的瓶，我也要他賠原瓶。他賠了原瓶，我就賠還他的原象。」某乙沒話可說。

審判官判斷道：「死象同破瓶是一樣的。象死不能再活，瓶破不能再完，因此，你們兩人應該各照原象和原瓶的價值，折錢賠償。」

三十一 包公審石頭——（一）告狀

繁与简

於（于）邊（边）問（问）麼（么）說（说）賠（赔）嗎（吗）還（还）話（话）斷（断）樣（样）兩（两）應（应）該（该）價（价）錢（钱）償（偿）審（审）頭（头）

一個小孩子，手裏提了一隻賣油條的籃子，坐在石頭旁邊哭。許多人圍著看他。

小孩子　「哀哀哀哀……誰人把我的錢偷去了？」

四個轎夫擡著一頂轎子。轎子裏坐的是包公，轎前有兩個公差。

包公　「把轎子停下來！」

轎子停下來，包公望著兩個公差。

包公　「你們把那哭著的孩子，好好的帶上來。」

公差　「是！」

公差帶了孩子走上來，站在轎子前。

包公　「你是什麼人？爲什麼哭？」

繁与简

個（个）裏（里）隻（只）賣（卖）條（条）籃（篮）邊（边）許（许）圍（围）誰（谁）錢（钱）轎（轿）擡（抬）頂（顶）兩（两）帶（带）來（来）為（为）麽（么）

孩子「我是賣油條的；我今天賣了二百個大錢，放在籃裏，不知被誰人偷去了。」

包公「你的籃子，不是提在手裏的嗎？怎麼人家敢來偷呢？」

孩子「我剛才把籃子放在那塊石頭上，走開一會兒，錢就不見了。」

包公「這樣說來，你的錢或者被石頭偷去的，石頭實在是一個嫌疑犯。」

包公吩咐公差。

包公「你們把那石頭帶到衙門裏去，我要審問他。——小孩子，你也跟我去。」

公差搬了石頭，跟著包公的轎子走了。小孩子也跟著走。

繁与简

賣（卖）條（条）嗎（吗）剛（刚）塊（块）開（开）會（会）兒（儿）見（见）這（这）樣（样）說（说）來（来）實（实）

衆人「包公審石頭，這倒是一件詫異的事情，大家去看呀！」

三十二 包公審石頭——(二)審判

包公坐在堂上，旁邊站著四個公差。案桌前放著一塊石頭，小孩子也站在那裏。衆人站在兩旁看。

包公「嚇！石頭，你爲什麼偷人家的錢？——嚇！你難道是啞子嗎？我問你，你爲什麼不招供？」

包公「好刁滑的石頭，給我

繁与简

衆（众） 嗎（吗）
這（这） 問（问）
詫（诧） 給（给）
異（异）
審（审）
頭（头）
邊（边）
個（个）
塊（块）
裏（里）
兩（两）
嚇（吓）
為（为）
麼（么）
錢（钱）
難（难）
啞（哑）

重重的打他四十大板，不怕他不招。」

公差 「是！」

公差用板子打石頭，打了幾下，板子打斷了。衆人大笑起來。

包公 「你們好沒規矩！公堂上怎麼胡鬧起來？——來！你們給我把大門關起來，我要罰他們一罰。」

公差 「是！」

公差關了大門，進來。

包公 「你去打一盆水來！」

公差 「是！」

公差打了水，放在面前。

包公 「看審的、每人都要罰錢十文，然後放他出去。罰錢的，把

繁与简

幾（几） 斷（断） 衆（众） 們（们） 規（规） 麼（么） 鬧（闹） 來（来） 關（关） 罰（罚） 門（门） 進（进） 後（后）

錢放在這水盆裏.」

衆人一個個把錢抛在水裏,忍著笑走出去.包公出座,站在水盆邊看.輪到有一個叫阿狗的抛錢,包公仔細一看就吩咐公差.

包公「你們把這人拿下了!」

包公坐到座上去,再開審.

包公「你叫什麽名字?」

阿狗「我叫阿狗.」

包公「你爲什麽偷孩子的錢?」

阿狗「小……小人不敢.」

包公「還賴嗎?你抛錢的時候,有油花浮起,你的錢怎麽會有

繁与简
這(这)　裏(里)　輪(轮)　細(细)　開(开)　還(还)　賴(赖)　時(时)　會(会)

油花的？」

阿狗「小……小人……」

包公「公差們！給我搜查他的身邊，還有錢沒有？」

公差搜出阿狗的錢數了，獻給包公。

公差「這人身邊，連拋在水裏的，恰巧二百個大錢，個個都有油迹。」

包公「阿狗！你還有什麼話說？」

阿狗「大老爺！饒我這一遭罷！」

阿狗磕頭。

包公「偷錢的人，該當照律懲辦。罰下的錢和搜出的贓欵，一起交給那苦孩子帶去。」

繁与简

數（数） 獻（献） 連（连） 話（话） 説（说） 爺（爷） 饒（饶） 罷（罢） 該（该） 當（当） 懲（惩） 辦（办） 贜（赃） 欵（款） 帶（带）

孩子磕頭.(完)

三十三 戒指案

某甲和某乙是朋友.有一次,某乙向某甲借一隻金戒指,暫時用用.某甲答應了,某乙就把金戒指拿去,帶在手上.

過了好幾天,某甲向某乙討還金戒指.某乙怒道:「這是我自己的戒指,你怎麼要我還給你呢?」

某甲沒法,只得到審判官那裏去告狀.審判官預先叫一個首飾鋪裏的夥計來,吩咐他許多話.

繁与简

隻(只) 暫(暂) 時(时) 應(应) 帶(带) 過(过) 幾(几) 討(讨) 還(还) 這(这) 麼(么) 給(给) 審(审) 裏(里) 狀(状) 預(预) 個(个) 飾(饰) 鋪(铺) 夥(伙) 計(计) 來(来) 許(许) 話(话)

【注释】 带,当作戴。

然後把原告、被告、一起傳來，當堂開審。審判官先向原告、被告、各人問了口供。再吩咐把首飾鋪裏的夥計傳上來，對他說：「請你給我驗一驗看，這隻戒指是不是眞金的？」夥計看了多時，故意說道：「這隻戒指，不是眞金的；裏面夾有銅質，實在只有六成金。」某甲大叫道：「不對、不對，這戒指的金子是十成的。」某乙却一聲不響。

審判官笑著說：「這戒指的確是十成金。原告知道，被告茫然不知，可見這是原告的東西。」

繁与简

後（后） 傳（传） 當（当） 開（开） 審（审） 問（问） 對（对） 說（说） 請（请） 驗（验） 時（时） 夾（夹） 銅（铜） 質（质） 實（实） 聲（声） 響（响） 確（确） 見（见） 東（东）

某乙沒話可說，只得把戒指讓原主拿去．

三十四　燕子

燕子飛來低又高，一天到晚不嫌勞．
忙忙碌碌穿門戶，銜草銜泥做小巢．
莫說他們辛苦多，常常作樂唱清歌．
人非辛苦怎能樂？鳥不做工那有窠．
只愁小燕鬧饑荒，不覺怱怱來去忙．
雖說近時身體瘦，孩兒肥胖勝爺娘．

繁与简

讓（让）　兒（儿）
飛（飞）　勝（胜）
勞（劳）　爺（爷）
門（门）
銜（衔）
說（说）
們（们）
樂（乐）
鳥（鸟）
鬧（闹）
饑（饥）
覺（觉）
怱（匆）
來（来）
雖（虽）
時（时）
體（体）

三十七 少年的林肯

林肯是美國有名的大總統。他少年時候，曾做過一家雜貨店裏的夥計。

一天晚上，他結算當天收入的貨價，查出某婦人多付了幾個錢，就連忙跑到他家裏去歸還了。

又一回，有人來買半磅茶葉。林肯弄錯了，只給他四盎斯，後來偶然想着，立刻再稱四盎斯，送到他家裏去。

繁与简

國（国） 總（总） 統（统） 時（时） 過（过） 雜（杂） 貨（货） 裏（里） 夥（伙） 計（计） 結（结） 當（当） 價（价） 婦（妇） 幾（几） 個（个） 錢（钱）

連（连） 歸（归） 還（还） 買（买） 葉（叶） 錯（错） 給（给） 後（后） 稱（称）

這麼一來，大家知道林肯是誠實的商人，都到他店裏去買東西了。

三十八　最小的饅頭

從前有一處地方，遇了災荒，大家沒有飯吃。有一個慈善家，每天做了一籠饅頭，招了二十個窮苦的孩子，叫他們天天自己來拿去吃，直到災荒的情形好了爲止。

那二十個孩子，依著時候，天天來拿饅頭。大家你搶我奪的揀那最大、最好的吃，也不向慈善家

繁与简

麽（么）　來（来）　誠（诚）　實（实）　東（东）　饅（馒）　頭（头）　從（从）　處（处）　災（灾）　飯（饭）　個（个）　籠（笼）　窮（穷）　們（们）　為（为）　時（时）　搶（抢）　奪（夺）　揀（拣）

道謝一聲。只有一個女孩子，天天等大家揀過了，才拿著剩下最小的饅頭，謝謝主人，然後回去。

有一天，女孩子所得的饅頭更小了，小得不及別人拿著的一半。女孩子拿回家去，交給母親。母親把這饅頭剖開來，只見好幾個銀元，藏在裏面。母親說：「饅頭裏怎麼會有銀元呢？這恐怕是主人誤落在裏面的，趕快去還他。」

女孩子拿了銀元去還主人。主人說：「這是我有意放在裏面，贈給你的。你切記了：凡是一個人

繁与简

謝（谢） 聲（声） 揀（拣） 過（过） 後（后） 給（给） 親（亲） 這（这） 開（开） 來（来） 見（见） 幾（几） 個（个） 銀（银） 裏（里） 麼（么） 會（会）

誤（误） 趕（赶） 還（还） 贈（赠） 記（记）

能夠知足的，他後來的幸福一定更大。今天饅頭裏的銀元，還是小的哪！」

三十九　好吃的梨

有一個主人，叫傭人去買梨。叮囑他說：「要買好吃的梨。」

傭人走到鮮果鋪裏，對夥計說：「要買好吃的梨。」夥計就把好梨拿出來給他看，說：「這是好吃的。」傭人說：「我怎麼知道你這梨是好吃的呢？」夥計說：「你拿一個來嘗嘗，就知道了。」傭

繁与简

個（个）　傭（佣）　買（买）　囑（嘱）　説（说）　鮮（鲜）　鋪（铺）　裏（里）　對（对）　夥（伙）　計（计）　給（给）　麼（么）　這（这）　嘗（尝）

人說：「只嘗一個，其餘的梨，是不是好吃，我又怎麼知道呢？」傭人想了一想，說：「有的。」就把夥計拿出來的梨，每一個咬一口，統統嘗完了，才付了價錢，把梨買回去。

主人看見他買來的梨，沒有一個是整的，就把他罵了一頓。傭人一聲不敢響。後來退了出來，嘴裏咕嚕著說：「我不嘗嘗，怎能知道那些梨都是好吃的呢？」

四十　採茶歌

繁与简

餘（余）　統（统）　價（价）　錢（钱）　見（见）　罵（骂）　聲（声）　響（响）　後（后）　採（采）

初去採茶茶發芽；
各提籃子到山崖．
大姐採多妹採少，不論多少早回家．

再去採茶正當春；娘在房中繡手巾．
兩頭繡出茶花朵，中間繡出採茶人．

末後採茶忙又忙；丟了茶筐趕插秧．
插得秧來茶要老，採得茶來秧又黃．

繁与简

發（发） 籃（篮） 論（论） 當（当） 繡（绣） 兩（两） 頭（头） 間（间） 後（后） 趕（赶） 來（来）

四十七　獵人急智殺獅子

有一個獵人，獨自在「叢山之中」行走。偶然回頭望望，只見有一隻獅子，跟在他的後面。獵人嚇極了，努力向前走。獅子也緊緊的跟著不放。獵人心裏急得了不得。

後來走到一處山崖上；那山崖、石壁屹立，險峻非凡！旁邊有無數的亂石，下面是很深的山谷。獵

繁与简

獵（猎）　殺（杀）　獅（狮）　個（个）　獨（独）　叢（丛）　頭（头）　見（见）　隻（只）　後（后）　嚇（吓）　極（极）　緊（紧）　裏（里）　處（处）　險（险）　邊（边）　無（无）　數（数）　亂（乱）

人「情急智生，」趕快躲在亂石背後，把外套和帽子脫下來，裝在獵槍上，靠著山崖極險處豎起，好像獵人在那裏休息似的。安排好了，自己鑽在別的亂石堆裏去發抖。

不多時，獅子追到，看見那裝置的東西，以爲就是獵人，立刻撲過去；獵槍一倒，獅子和衣帽都跌到山谷裏去了。獅子跌得腦漿迸出；獵人慢慢的走下山谷，把死獅子拖回去。

繁与简

趕（赶）
躲（躲）
裝（装）
槍（枪）
豎（竖）
鑽（钻）
發（发）
時（时）
東（东）
爲（为）
撲（扑）
過（过）
腦（脑）
漿（浆）

第八册

七 草兒的苦樂

草兒樂，草兒最樂是春天。
你看他，換上了青青的衣服，
被暖風吹得軟綿綿。
好像是一條青毛毯子，鋪在我的小花園。

草兒苦，草兒最苦是秋天。
你看他，哭喪著黄黄的瘦臉，
被西風刮得好難看。
好像是一座黄茅屋頂，露在夕陽籬落間。

繁与简

兒（儿） 樂（乐） 風（风） 軟（软） 綿（绵） 條（条） 鋪（铺） 園（园） 喪（丧） 臉（脸） 難（难） 頂（顶） 陽（阳） 籬（篱） 間（间）

八　難道不如一個蜘蛛嗎？

幾百年前，有一個蘇格蘭國王，和英吉利打仗；接連打敗了好幾回，手下的兵將，都四散逃走，他自己却逃到深山裏去了。

這時候正下大雨，他冒著雨走到一棵樹下，覺得很疲乏，就躺了下來。忽然看見一個蜘蛛，正在那裏做網；但是風吹雨打，那蜘蛛網總做不成功。他不覺看呆了，心想：「自己和英吉利打仗，打一回，

繁与简

難（难）　網（网）
個（个）　風（风）
嗎（吗）　總（总）
幾（几）
蘇（苏）
蘭（兰）
國（国）
連（连）
敗（败）
將（将）
裏（里）
這（这）
時（时）
樹（树）
覺（觉）
來（来）
見（见）

敗一回，正和這蜘蛛結網是一樣的情形啊．」

他正在這裏呆想，只見蜘蛛又放出一條絲，飄來飄去，恰巧黏在一根小樹枝上；這一次竟沒有失敗，一會兒，網居然做成了．他心裏一動，跳起來說：「我難道不如一個蜘蛛嗎？」一說著，立刻出去，召集了手下的兵將，拚死打退敵兵；把失去的土地，統統恢復回來，照舊立起蘇格蘭國．

繁与简

樣（样） 條（条） 絲（丝） 飄（飘） 會（会） 兒（儿） 動（动） 説（说） 敵（敌） 統（统） 復（复） 舊（旧）

十三 為你

(一)

樹枝上才生著褐色的嫩芽。

有霜花跳來說：「讓我打了罷！」

樹枝發著抖說：

「請你留下！我還要在綠葉裏邊開好花。」

(二)

樹葉下才開著鮮豔的好花。

有鳥兒飛來說：「讓我啄了罷！」

樹葉遮著花說：

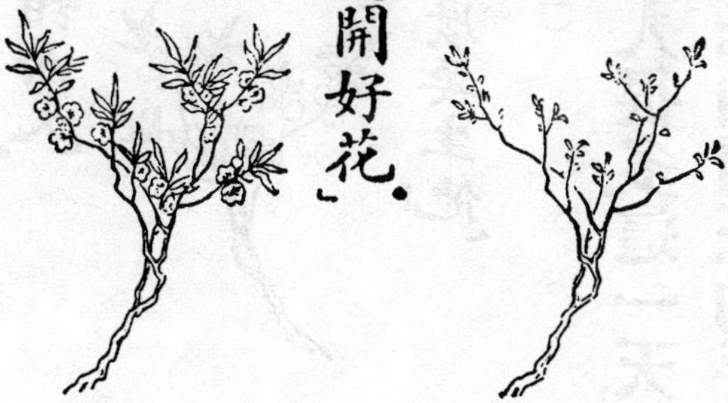

繁与简

為（为） 樹（树） 說（说） 讓（让） 罷（罢） 發（发） 請（请） 還（还） 葉（叶） 裏（里） 邊（边） 開（开） 鮮（鲜） 豔（艳） 鳥（鸟） 兒（儿） 飛（飞）

「請你留下！我還要結果子，結得甜而大。」

(三)

樹枝上已結著果子甜而大；有女孩走來說：「讓我吃了罷！」樹枝低下頭說：「請你吃罷！不為你，我又為什麼要生他？」

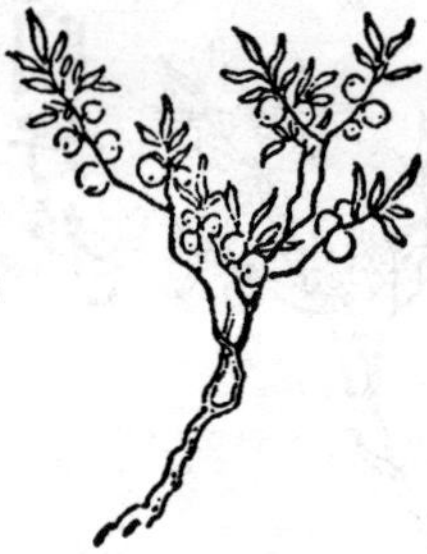

十四　兩個哥鄴的聰明人（一）

英國有個哥鄴城，城裏的聰明人很多。這一天，國王出遊，要經過哥鄴城，哥鄴人恐怕國王的手下人要騷擾百姓，很是擔憂。

繁与简

結（结）來（来）頭（头）麼（么）兩（两）個（个）聰（聪）國（国）裏（里）這（这）遊（游）經（经）過（过）騷（骚）擾（扰）擔（担）憂（忧）

有個聰明人說：「我們把城外的大樹都砍下來，堆在路上，他們不得過來就走向別處去了。」大家都說：「這法子很好，我們準照這樣辦罷！」

國王來了，看見路上堆滿了大樹，很是生氣；就向兩個過路的孩子問道：「誰把這大樹堆在路上的？」孩子笑笑說：「哥鄯人不要你進城，因此用這個法子來擋住你。」

國王大怒道：「這還了得！你去告訴他們，我就派人進城，要把哥鄯人的鼻子，統統割去。」

繁与简

説（说）　們（们）　樹（树）　來（来）　處（处）　準（准）　樣（样）　辦（办）　罷（罢）　見（见）　滿（满）　氣（气）　問（问）　誰（谁）　進（进）　擋（挡）　還（还）　訴（诉）　統（统）

十五　兩個哥鄯的聰明人（二）

哥鄯人得了割鼻子的消息，吃驚不小；大家埋怨那聰明人說：「好個聰明的主意，現在我們的鼻子，都保不住了。」又有個聰明人說：「你們不要慌！聰明既然要吃苦，等國王派人來割鼻子，我們就做些笨人的事給他看。」大衆又都贊成了。

國王派一個官員進城割鼻子。官員走到一處，看見有許多人在田裏築牆；問他們幹什麽，他們說：「我們怕鳥兒進來，因此築牆攔住他。」官員

繁与简

兩（两）　個（个）　聰（聪）　驚（惊）　説（说）　現（现）　們（们）　國（国）　來（来）　給（给）　衆（众）　贊（赞）　員（员）　進（进）　處（处）　見（见）　許（许）

築（筑）　牆（墙）　問（问）　幹（干）　麽（么）　鳥（鸟）　兒（儿）　攔（拦）

說：「你們好笨啊！鳥兒是有翅膀的，憑你的牆築得多高，他不會飛進去嗎？」他們都詫異道「你眞聰明！這一層我們竟沒想到。」

十六　兩個哥鄰的聰明人（三）

官員走了一程，又看見幾個人背著大門，在路上走；問他們幹什麼。他們說：「我們要出門，銀錢都留在家裏呢。」官員說：「爲甚麼把大門背去呢？」他們說：「我們把大門背走，賊就不能挖門進去了。」官員說：「笨人！你們不會把銀錢帶走，

繁与简

憑（凭）　麽（么）
會（会）　說（说）
飛（飞）　銀（银）
嗎（吗）　錢（钱）
詫（诧）　裏（里）
異（异）　為（为）
層（层）　甚（什）
兩（两）　賊（贼）
個（个）　帶（带）
聰（聪）
員（员）
見（见）
幾（几）
門（门）
問（问）
們（们）
幹（干）

把門留在家裏嗎？」他們都失驚道：「眞的呀！你眞聰明！這法子我們竟沒想到。」

官員一路上只見這一類愚笨的事，心想：「這樣的笨人，恐怕砍樹攔路的事，並不是他們做的罷！」就回去把這情形告訴了國王。國王笑笑說：「既是這樣，就讓他們把鼻子留著罷。」

十七 趙大和張二

趙大和張二，同住在一個村莊裏。趙大沒有妻子，住著一間破房子；白天在田裏作工，晚上回去

繁与简

嗎（吗） 驚（惊） 這（这） 類（类） 樣（样） 樹（树） 攔（拦） 並（并） 罷（罢） 訴（诉） 國（国） 讓（让） 趙（赵） 張（张） 個（个） 莊（庄） 裏（里） 間（间）

睡覺過了幾年，居然積下了三十兩銀子。

一天，他要出遠門了；想把那些銀子帶走，恐怕路上要出岔子；若是放在家裏，又不妥當；一時竟委決不下。後來他得了個主意，就在那破房子的牆脚邊掘了一個洞，把三十兩銀子都放在裏面，蓋上了泥土；這纔覺得放心。忽然又轉念這法子還是不行，萬一被人掘去，可不是頑的。就拿起筆來在牆上寫道：「此地無銀三十兩。」心想：這可是「萬無一失」的了。

繁与简

覺（觉）　過（过）　幾（几）　積（积）　兩（两）　銀（银）　遠（远）　門（门）　帶（带）　當（当）　時（时）　決（决）　後（后）　牆（墙）　邊（边）　蓋（盖）　纔（才）

轉（转）　這（这）　還（还）　萬（万）　頑（顽）　筆（笔）　來（来）　寫（写）　無（无）

第二天，張二去看趙大，走進趙大的屋子，看見牆上的字，便把銀子偷偷挖去。但是張二恐怕趙大疑心到自己的身上，也在牆上寫道：「對門張二不曾偷。」

十八 籬外的花

一朵鮮紅的小花，開在竹籬外；
好像帶著微笑，向行路的人搖搖擺擺。

馨兒放了學，正從這裏經過，
見了這朵美麗的花兒，便住了脚。

繁与简

進（进） 見（见） 對（对） 籬（篱） 鮮（鲜） 紅（红） 開（开） 帶（带） 擺（摆） 兒（儿） 學（学） 從（从） 這（这） 裏（里） 經（经） 過（过） 見（见） 麗（丽）

他見這花兒可愛，伸手將他摘下來，預備回家送給母親，表示他心中的親愛。

馨兒的母親，果然歡喜；帶著笑問道：「這朶花是你買的呢？還是朋友送給你的呢？」

馨兒聽了，不覺一怔，紅著臉兒，低頭無語；因為母親曾說過：「別人的東西切莫妄取！」

十九　偷雞案

一個女人，養著一隻雞。有一天，那隻雞飛到鄰居的院子裏去了；女人到鄰家去討還那隻雞，鄰

繁与简

愛（爱）將（将）預（预）備（备）給（给）親（亲）歡（欢）問（问）買（买）還（还）聽（听）覺（觉）臉（脸）頭（头）無（无）語（语）為（为）

説（说）東（东）雞（鸡）個（个）養（养）隻（只）飛（飞）鄰（邻）裏（里）討（讨）

家的人都說沒有看見兩下裏喧譁爭論，沒法解決，只好同到審判官那裏去告狀。

女人對審判官說：「他藏了我的雞，不肯還我。」鄰居的人說：「這是沒有的事！我實在沒見他的雞。」審判官聽了他們的話，笑笑說：「我知道了。你們回去，我立刻來查看。」

他們正要走出法庭，審判官大聲說：「偷雞的眞傻！他偷了人家的雞，還把雞毛黏在頭髮上，好像是告訴別人一般。」那鄰居的人聽了，不知不

繁与简

說（说）聲（声）
見（见）頭（头）
兩（两）髮（发）
譁（哗）訴（诉）
論（论）
決（决）
審（审）
狀（状）
對（对）
還（还）
隣（邻）
這（这）
實（实）
聽（听）
們（们）
話（话）
來（来）

覺用手去摸自己的頭髮.審判官見了,立刻把他叫轉,向他說:「你不偷雞,爲甚麼聽了我的話,就去摸頭髮呢?」那鄰居的人抵賴不得,只好服罪.

二十　賣牛的故事(一)

老農夫在田岸上吃午飯,看見有個老兵牽著一頭牛走過,嘴裏喊道:「誰要買牛?誰要買牛?」老農夫心想:「我正要買頭牛幫著做工.」就招呼老兵道:「朋友!你要賣去那頭牛嗎?」老兵說:「不錯,我要賣去這頭牛;你看得中嗎?」老農夫

繁与简

覺(觉)　嗎(吗)
轉(转)　説(说)
為(为)　錯(错)
甚(什)　這(这)
賴(赖)
賣(卖)
農(农)
飯(饭)
見(见)
個(个)
牽(牵)
頭(头)
過(过)
裏(里)
誰(谁)
買(买)
幫(帮)

說「我正要買頭牛;你肯賣給我,那是好極了.」

老兵賣了牛回來,在路上走了一程,忽然叫道:『不行!主人交代我.「這頭牛曾經害過肺病,如果有人要買,一定要告訴他.」現在我却沒把這話告訴買牛的呀!』轉念一想:「這事並不要緊,我只要對主人說,已經告訴買牛的、便了.」

二十一 賣牛的故事(二)

老兵又走了一程,忽然又叫道:「不行!這麼一來,不但欺騙了買牛的,還欺騙了主人;不但欺騙

繁与简

給(给) 極(极) 來(来) 經(经) 訴(诉) 現(现) 話(话) 轉(转) 並(并) 緊(紧) 對(对) 賣(卖) 麼(么) 騙(骗) 買(买) 還(还)

了主人，還欺騙了自己的良心。不行！眞個不行！」他立刻回轉身來，跑到老農夫家裏，對老農夫說：「朋友！我還有句話，要對你說明，這牛是害過肺病的；你若是不願意買呢，我就把錢還你。」老農夫說：「牛既然有病，請你原諒我，我不願意買了。」老兵聽了，就把錢還了老農夫，牽著牛回去。

老兵回到家裏，把這事告訴了主人；主人稱讚道：「你眞是個誠實可靠的人！」主人是誰？就是宋朝最出名的宰相司馬光。

繁与简

個（个）　讚（赞）
轉（转）　誠（诚）
農（农）　實（实）
裏（里）　誰（谁）
對（对）　馬（马）
說（说）
話（话）
這（这）
過（过）
願（愿）
錢（钱）
請（请）
諒（谅）
聽（听）
牽（牵）
訴（诉）
稱（称）

二十三　沒字的保薦書

某商人要招一個夥計，在報紙上登了個廣告。不到幾天，拿著保薦書來報名的，一共有幾十個；商人却選中一個沒保薦書的，其餘有保薦書的，

繁与简

薦（荐）　書（书）　夥（伙）　計（计）　報（报）　紙（纸）　個（个）　廣（广）　幾（几）　來（来）　選（选）　餘（余）

統統不取.

人家問商人:「這人沒有保薦書,你爲甚麼倒取他呢?」商人說:「這人怎說沒有保薦書!他的保薦書很多哩:他進了我的屋子,就輕輕的把門關上,那是他小心謹愼的保薦書了;我把話問他,他回答得很明白,很正確,那是他誠實有才幹的保薦書了;他坐在椅子上,看見一個老頭子進來,趕忙站起讓坐,那是他恭敬有禮的保薦書了;幷且他的衣服鞋帽很乾淨,手上也不骯髒;他有這

繁与简

統（统）問（问）這（这）為（为）甚（什）麼（么）説（说）進（进）輕（轻）門（门）關（关）謹（谨）话（话）問（问）確（确）誠（诚）實（实）

幹（干）見（见）頭（头）趕（赶）讓（让）禮（礼）乾（干）淨（净）骯（肮）髒（脏）

許多的保薦書，怎麼還說沒有呢？不過人家的保薦書是有字的，他的保薦書是沒字的罷了。」

二十八 大力士（一）

我是個大力士。

我能舉起很大的鐵條，又能轉動很大的鐵輪；世界上的人，誰也沒有我這麼大的氣力！

我住在一間鐵屋子裏，屋子

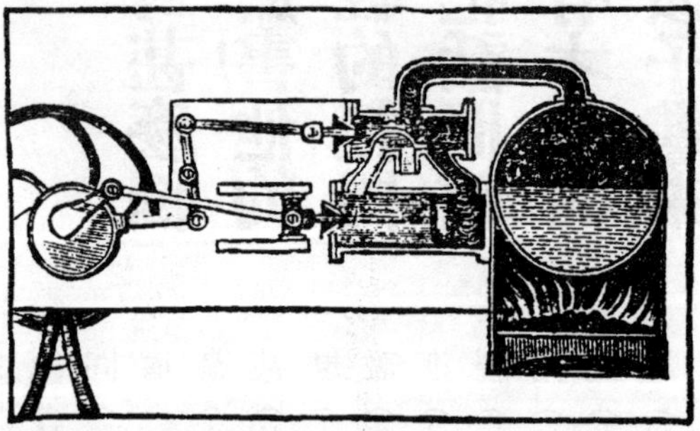

繁与简

許（许） 還（还） 過（过） 罷（罢） 個（个） 舉（举） 鐵（铁） 條（条） 轉（转） 動（动） 輪（轮） 誰（谁） 這（这） 麼（么） 氣（气） 間（间） 裏（里）

裏面都是水;水沸的時候,我就上勁的作工.原來我的氣力雖大,却全靠著水來幫助;若是沒有水,我就不能生活了.

我遊戲的時候,你們可以看見我;但是我作工的時候,却不能給你們看見.

你們認得我嗎?能夠叫出我的名字嗎?

二十九　大力士(二)

我也是個大力士;我的身體也很強壯.

我走路最快,要是和我賽跑,誰也趕不上我!

繁与简

時(时)　勁(劲)　來(来)　雖(虽)　幫(帮)　遊(游)　戲(戏)　們(们)　見(见)　給(给)　認(认)　嗎(吗)　個(个)　體(体)　壯(壮)　賽(赛)　誰(谁)　趕(赶)

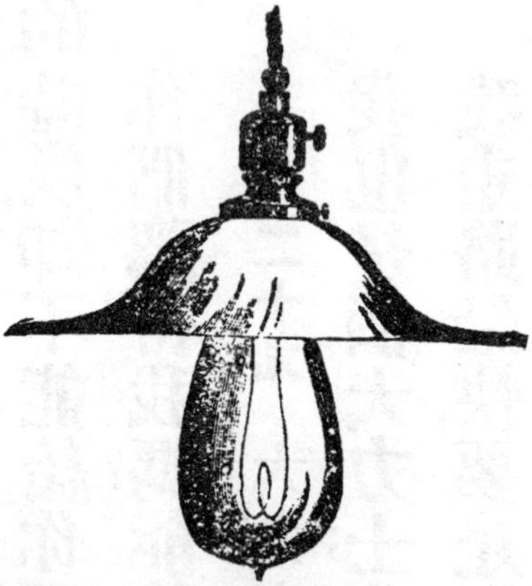

我在黑暗的地方，和黑暗的時候，能夠發出亮光來，照著人們做事。

我有本事使住在兩地的人們，不論相離多麼遠，立刻可以談話，立刻可以通信。

我的住處很多：有時住在雲裏；有時住在地底下：有個聰明人，曾經用風箏線把我從雲裏

繁与简

時（时）發（发）們（们）兩（两）論（论）離（离）麼（么）遠（远）談（谈）話（话）處（处）雲（云）裏（里）聰（聪）經（经）風（风）線（线）從（从）

引到地上來．但是我的性子很暴烈，碰在人身上，人的生命很危險．

你們知道我嗎？能够叫出我的名字嗎．

三十　太陽

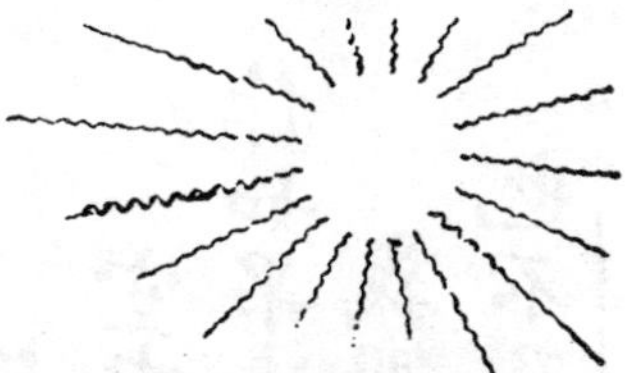

好光耀的太陽呀，
空中有了你，世界便光明．
可惜到了夜間，就不見了你的形和影！
我們即使點着千萬盞燈兒，
也不及你一輪高照，滿天清醒．

繁与简

來（来）險（险）嗎（吗）陽（阳）間（间）見（见）們（们）點（点）萬（万）盞（盏）燈（灯）輪（轮）滿（满）

好熱烈的太陽呀！
空中有了你，萬物便生成．
你如果遠了些，就免不了地上冰冰冷．
我們雖然燒著千萬個火爐，
也不及你金光所到，滿地春生．

好偉大的太陽呀！我們應當感謝你，
感謝你的熱烈，感謝你的光明；
熱烈與光明，原來都是我們的生命．

三十一　長安和太陽的遠近

晉明帝小時候很聰明．有一天，他父親抱著他

繁与简

熱（热）遠（远）雖（虽）燒（烧）個（个）爐（炉）偉（伟）應（应）當（当）謝（谢）與（与）來（来）長（长）陽（阳）晉（晋）時（时）聰（聪）親（亲）

坐在膝上，正和他天南地北的說笑，恰巧有個人從長安來，元帝便問他：「長安和太陽，那一處近？那一處遠？」他立刻回說：「長安近，太陽遠。」元帝問他是甚麼緣故，他說：「只聽得長安那邊有人來，沒聽得太陽那邊有人來，因此知道長安近，太陽遠。」元帝聽了，很是歡喜。

明天，元帝宴會羣臣，又把隔天的話問他，他立刻回說：「長安遠，太陽近。」元帝聽了，不覺一怔，心想他今天當著大衆的面，只怕嚇昏了，就提醒

繁与简

說（说）　覺（觉）
個（个）　當（当）
從（从）　衆（众）
來（来）　嚇（吓）
問（问）
陽（阳）
處（处）
遠（远）
甚（什）
麽（么）
緣（缘）
聽（听）
邊（边）
歡（欢）
會（会）
羣（群）
話（话）

他道：「你昨天却不是這樣說的呀！」他不慌不忙的說：「擡起頭來，瞧得見太陽，却瞧不見長安，因此知道長安遠，太陽近。」

羣臣聽了，著實稱讚；他元帝自然是更歡喜了。

三十三　諸葛子瑜之驢

三國時代，江東一帶地方，是孫權佔據的。一天，孫權宴會羣臣，看見諸葛瑾的臉子生得很長，想和他開頑笑，叫人去牽一匹驢子來，拿一塊木條，寫上「諸葛子瑜」四個字，掛在驢子的頭上。原來諸葛瑾的號叫做子瑜。座客見了，不覺

繁与简

這（这）　佔（占）
樣（样）　據（据）
擡（抬）　會（会）
頭（头）　羣（群）
見（见）　臉（脸）
實（实）　長（长）
稱（称）　開（开）
讚（赞）　頑（顽）
歡（欢）　牽（牵）
諸（诸）　塊（块）
驢（驴）　條（条）
國（国）　寫（写）
時（时）　個（个）
東（东）　掛（挂）
帶（带）　頭（头）
孫（孙）　號（号）
權（权）　覺（觉）

大笑.

諸葛瑾有個兒子,名叫諸葛恪,這時候也在座,看見孫權取笑他的父親,立刻上前把筆拿來,在木條上接著寫「之驢」兩個字.座客都讚他聰明;孫權也很歡喜,就把那匹驢子送給他了.

三十七 豬叫(一)

從前有一個富翁,請了許多的客,在家裏宴會.有個出名的滑稽家,也被富翁請在裏面;他做許多娛樂的事,都能使人發笑.

滑稽家還會學做豬叫,大衆都說和眞的豬叫

繁与简

這(这) 發(发)
親(亲) 還(还)
筆(笔) 學(学)
來(来) 衆(众)
兩(两) 説(说)
讚(赞)
聰(聪)
歡(欢)
給(给)
豬(猪)
從(从)
個(个)
請(请)
許(许)
裏(里)
會(会)
樂(乐)

一樣．一個又長又大的鄉下人，站起來說：「這事並不希奇，我做起來，比他好得多哩！」旁的人有些不信，都說：「既是這樣，你也做起來，讓我們判斷一下，到底是誰做得好？」鄉下人說：「我今天的喉嚨不大響亮，請你們明天照舊到這裏來聚會，我準可以做的．」大衆都答應了．

三十八 豬叫（二）

明天，大家都到富翁家裏，聽滑稽家和鄉下人比賽豬叫．滑稽家先做了一遍，座客都拍手說好．

繁与简

樣（样） 裏（里）
長（长） 聽（听）
鄉（乡） 賽（赛）
來（来） 說（说）
這（这）
并（并）
讓（让）
斷（断）
誰（谁）
嚨（咙）
響（响）
請（请）
們（们）
舊（旧）
準（准）
應（应）
豬（猪）

鄉下人坐在屋角邊，把右手揷在衣袋裏，嘴唇一動，就發出豬聲，并且越叫越響。等到叫罷，主人站起來說：「諸位都聽過了，到底誰做得像呢？」

座客都喊道：「自然是滑稽家做得像些；那鄉下人的聲音，好像開門一般，和豬叫差得遠哩！」

鄉下人說：「這話眞嗎？」就把衣服解開，拿出一隻小豬，指著說：「豬啊！這就是你的不是了！你剛纔爲甚麼不做豬的聲音，偏要做開門的聲音呢？哈！哈！你們原來是這樣判斷的。」

繁与简

鄉（乡）　邊（边）　動（动）　發（发）　豬（猪）　聲（声）　響（响）　罷（罢）　來（来）　諸（诸）　過（过）　誰（谁）　開（开）　門（门）　遠（远）　這（这）　嗎（吗）

隻（只）　剛（刚）　纔（才）　爲（为）　甚（什）　麼（么）　們（们）　樣（样）　斷（断）

四十一　山歌

做天難做四月天；蠶要温和麥要寒；
賣菜哥哥要落雨；採桑娘子要晴乾．
做地莫做熱鬧場；下挖溝池上打牆；
甎瓦十年三反覆，草不回青花不香．
做人莫做富家翁；朝積金銀夜積銅；
積得錢多無用處；千家叫苦萬家窮．

繁与简

難（难）　蠶（蚕）　麥（麦）　賣（卖）　採（采）　乾（干）　熱（热）　鬧（闹）　場（场）　溝（沟）　牆（墙）　甎（砖）　積（积）　銀（银）　銅（铜）　錢（钱）　無（无）　處（处）　萬（万）　窮（穷）

四十二　窮漢得金（一）

布景——舊榻一張，上置一枕。　人物——窮漢

窮漢穿著破衣服，赤著脚，手拿金子一錠，很高興的走上來。

窮漢　「前天算命先生説我要發横財，今天我果然拾著這錠金子；我好快活啊！」

窮漢手弄金子，愛不忍釋。

「這錠金子，我越看越愛。現在我要睡了，把他藏起來罷！」

向四面找藏金的地方。

「藏在什麼地方呢？」

歪著頭想。

「有了！我把他藏在地下，萬無一失。」

繁与简

窮（穷）漢（汉）舊（旧）張（张）錠（锭）興（兴）説（说）發（发）財（财）這（这）愛（爱）釋（释）現（现）罷（罢）麽（么）頭（头）萬（万）無（无）

掘地藏金．打呵欠．走到臥榻上．一會兒鼾聲大作．

「捉賊！捉賊！」

窮漢大呼坐起，定神四望．

「呀！原來是一個夢！我夢見兩個賊來偷我的金子，只怕那金子藏在地下，有些不妥，還是藏在枕底下罷．」

下榻取金，藏在枕下，倒身便睡．一會兒鼾聲又大作．

四十三 窮漢得金（二）

窮漢

「惡強盜！狗強盜！」

窮漢大哭坐起，定了一回神，到枕下去一摸．

「呀！原來又是一個夢！我夢見兩個強盜，把我的金子搶去，只怕藏在枕下，仍舊不妥，還是放在衣服袋裏罷！」

繁与简

會（会） 兒（儿） 聲（声） 賊（贼） 來（来） 夢（梦） 見（见） 兩（两） 還（还） 罷（罢） 窮（穷） 漢（汉） 惡（恶） 搶（抢） 舊（旧）

把金子塞在袋裏，倒身睡下．一會兒又大叫，坐起來四面看．「呀！又是一個大夢！我夢見三個警察，跑來捉住我，說我搶了人家的金子．我再三分辨，他們只是不信；我又氣又急，不由得直叫起來．唉！我以前沒有金子，只想金子，此刻有了金子，反而魂夢不安；這麼看來，還是沒有金子的好．這幾天地方上正爲著水災，在那裏募捐，我就把這塊金子捐助了罷！」

雞叫．

「呀！天亮了！我也不睡了．準把這金子去捐助了罷！」

窮漢拿著金子，很自在的下去．

四十四 學官話

繁与简

裏（里） 會（会） 夢（梦） 來（来） 説（说） 搶（抢） 們（们） 氣（气） 麼（么） 還（还） 幾（几） 爲（为） 災（灾） 塊（块） 罷（罢） 雞（鸡） 準（准） 學（学） 話（话）

富翁馮素履，帶著二百兩銀子，出去學官話。學了好久，纔學上幾句，怎樣的幾句話呢？是「你來了嗎，請坐請坐；你要什麼東西；不送，不送。」馮素履回到家裏，把這幾句官話，整天的練習起來，有時在睡夢裏，也不住口的說。人家都笑他獃，他也不管。

一天夜裏，有個小偷進了他的臥室，正想下手，只聽見牀上有人說：「你來了嗎，請坐請坐。」小偷吃了一驚，又聽得說：「你要什麼東西。」小偷趕忙回頭就跑。牀上還在那裏說：「不送，不送。」小偷一口氣跑出了大門，好半天還覺得心跳不止。

繁与简

帶（带） 獃（呆）
兩（两） 個（个）
銀（银） 進（进）
纔（才） 聽（听）
幾（几） 牀（床）
樣（样） 驚（惊）
來（来） 趕（赶）
嗎（吗） 頭（头）
請（请） 還（还）
麼（么） 氣（气）
東（东） 門（门）
裏（里） 還（还）
練（练） 覺（觉）
習（习）
時（时）
夢（梦）
說（说）

四十九　遊戲曆（二）

堆雪人

一月裏蠟梅帶雪開；
把雪花堆做雪乖乖。
肥頭胖臉獃獃坐，
只恐怕天晴日出來。

放花筒

二月裏梅花白又紅；
到夜來點火放花筒。
蘭花竹葉般般有，
最好看、鬎鬁頭上聚黃蜂。

繁与简

遊（游）戲（戏）曆（历）裏（里）蠟（蜡）帶（带）開（开）頭（头）臉（脸）獃（呆）來（来）點（点）蘭（兰）葉（叶）

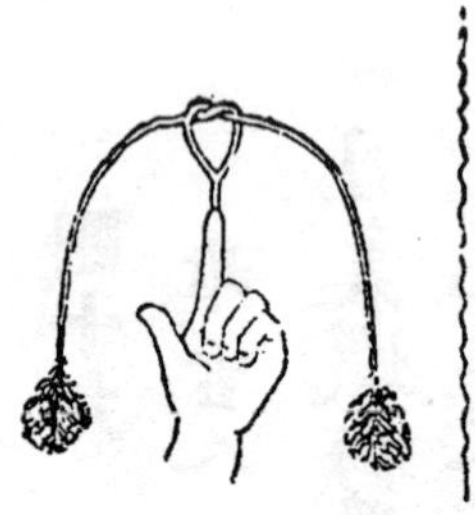

放紙鳶

三月裏杏花顏色嬌。
紙鳶兒放得果然高。
他飄飄只想隨風去，
要留心一把手牽牢、

玩楊柳球

四月裏桃花正清明；
河岸攀來楊柳青。
剝皮擠做雙球結，
指尖上頂得骨玲玲。

繁与简

紙（纸） 鳶（鸢） 顏（颜） 嬌（娇） 兒（儿） 飄（飘） 隨（随） 風（风） 牽（牵） 楊（杨） 擠（挤） 雙（双） 結（结） 頂（顶）

老鷹捉小雞

五月裏薔薇心裏香；
小雞跟緊不離娘。
餓老鷹撲着翅膀飛來捉，
左右東西鬥一場。

拍麥

六月裏石榴像火紅；
兩個人四手拍空空。
只聽得劈拍連聲響，
麥子麥稭都沒影踪。

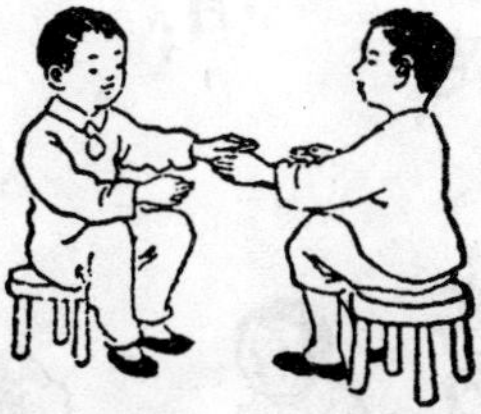

繁与简

鷹（鹰） 聲（声）
雞（鸡） 響（响）
薔（蔷） 稭（秸）
緊（紧）
離（离）
餓（饿）
撲（扑）
飛（飞）
東（东）
鬥（斗）
場（场）
麥（麦）
紅（红）
兩（两）
個（个）
聽（听）
連（连）

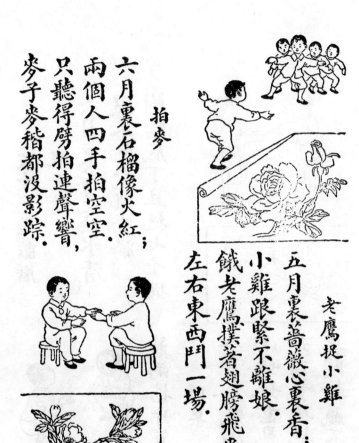

五十 遊戲曆(二)

捉七子

七月裏荷花映水清；
風來也覺熱騰騰。
樹陰底下且把七子捉，
簸兩掂斤算得精。

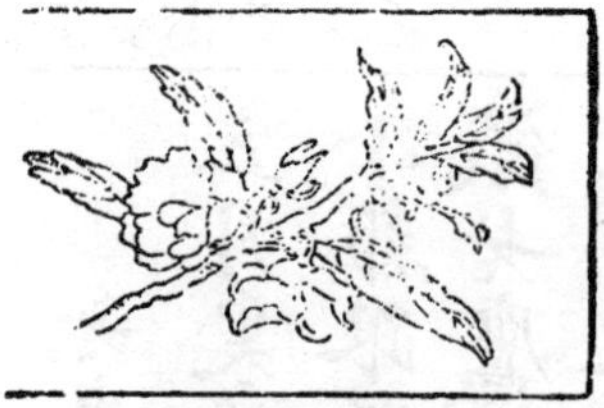

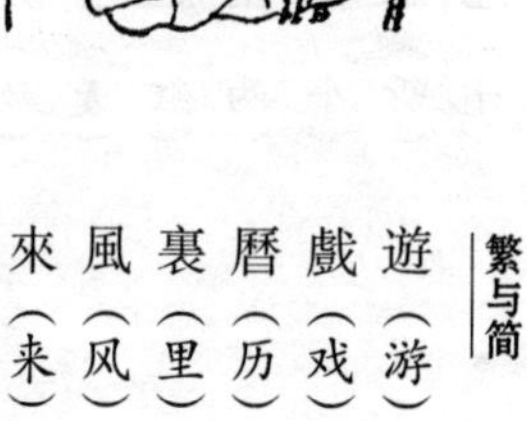

鬥草

八月裏鳳仙染指紅，
小姊妹意見本相同。
却商量拔把車前草，
要鬥輸贏不放鬆。

繁与简

遊（游） 戲（戏） 曆（历） 裏（里） 風（风） 來（来） 覺（觉） 熱（热） 樹（树） 陰（阴） 兩（两） 鬥（斗） 鳳（凤） 紅（红） 見（见） 車（车） 輸（输） 鬆（松）

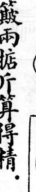

滾鐵環

九月裏木樨香惹衣；
鐵環兒滾滾也相宜。
滿場滾做條條綫，
折向東來又向西。

捉迷藏

十月裏菊花紅白黃；
小姑娘也學捉迷藏。
不知何處將身躱，
娘懷裏就算好地方。

繁与简

滾	鐵	環	兒	滿	場	條	線	東	學	處	將	懷
（滚）	（铁）	（环）	（儿）	（满）	（场）	（条）	（线）	（东）	（学）	（处）	（将）	（怀）

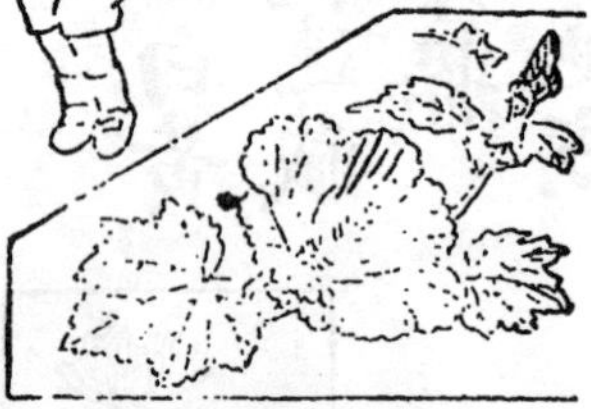

跳繩

十一月芙蓉天漸寒；
跳繩取暖法多端。
飛翻繞轉頭和脚，
絕輭的連環甩得圓。

踢毽子

十二月山茶要過年；
踢毽子踢得倦懨懨，
新年要換新花樣，
上牀去睡覺等明天。

繁与简

繩（绳） 漸（渐） 飛（飞） 繞（绕） 轉（转） 頭（头） 絶（绝） 輭（软） 連（连） 圓（圆） 過（过） 懨（恹） 樣（样） 牀（床） 覺（觉）